U0515188

证券分析师盈余预测有效性研究

高瑜彬 ◎ 著

STUDY ON THE EFFECTIVENESS OF SECURITY ANALYSTS' EARNINGS FORECASTING

中国财经出版传媒集团

经济科学出版社
Economic Science Press

图书在版编目（CIP）数据

证券分析师盈余预测有效性研究/高瑜彬著．－－北京：经济科学出版社，2023.6

ISBN 978 - 7 - 5218 - 4817 - 5

Ⅰ．①证…　Ⅱ．①高…　Ⅲ．①证券投资－研究－中国

Ⅳ．①F832.51

中国国家版本馆 CIP 数据核字（2023）第 113953 号

责任编辑：杜　鹏　张立莉　常家凤
责任校对：孙　晨
责任印制：邱　天

证券分析师盈余预测有效性研究

高瑜彬　著

经济科学出版社出版、发行　新华书店经销

社址：北京市海淀区阜成路甲 28 号　邮编：100142

总编部电话：010 - 88191217　发行部电话：010 - 88191522

网址：www. esp. com. cn

电子邮箱：esp@ esp. com. cn

天猫网店：经济科学出版社旗舰店

网址：http://jjkxcbs. tmall. com

固安华明印业有限公司印装

710×1000　16 开　11 印张　200000 字

2023 年 6 月第 1 版　2023 年 6 月第 1 次印刷

ISBN 978 - 7 - 5218 - 4817 - 5　定价：68.00 元

（图书出现印装问题，本社负责调换。电话：010 - 88191545）

（版权所有　侵权必究　打击盗版　举报热线：010 - 88191661

QQ：2242791300　营销中心电话：010 - 88191537

电子邮箱：dbts@ esp. com. cn）

前　言

本书研究聚焦于证券分析师盈余预测有效性问题。首先，在对证券分析师相关概念界定的基础上，分析了中国证券行业的发展历程、证券分析师行业、证券分析师的发展现状以及证券分析师行业发展存在的问题等。其次，在概述信息不对称理论、有效市场假说以及行为金融理论的基础上，探讨证券分析师盈余预测行为的内在机理，并提出相关假设。最后，依据相关假设，本书建立了盈余持续性模型、盈余预测精准度和盈余预测分歧度模型，利用中国沪深 A 股上市公司 2007～2016 年样本数据进行模型检验，以此深化证券分析师盈余预测领域的研究，同时为提升证券分析师盈余预测有效性，优化证券分析师行业环境，保证资本市场有效运转等方面提供相关的经验证据和政策支持。

首先，会计盈余持续性是影响证券分析师盈余预测的关键性因素。对于证券分析师盈余预测而言，盈余质量是指在仅仅利用历史盈余水平，不利用其他信息的条件下，证券分析师预测企业未来盈余的准确性程度。在现实投资决策过程中，企业盈余信息所占的比重远远大于其他信息。决定盈余质量的关键在于盈余的持续性，上市公司盈余持续性越好，证券分析师盈余预测有效性越高。

其次，上市公司会计盈余持续性会受到内外部环境的影响。本书发现，公司产权性质、公司治理水平、外部审计质量以及证券分析师关注是影响会计盈余持续性的重要因素。具体而言，与非国有产权的上市公司相比，国有产权的上市公司，盈余持续性较差；与治理水平高的上市公司相比，治理水平低的上市公司的盈余水平较差；注册会计师审计质量越高，上市公司的会计盈余持续性越好；证券分析师关注度越高，上市公司会计盈余持续性越好。

最后，上市公司内外部环境与盈余持续性的协同效应会对证券分析师盈余预测有效性产生影响。具体而言，与产权性质为非国有的上市公司相比，证券分析师对产权归属于国有的上市公司的盈余预测精准度较差，预测分歧度较大；与治理水平高的上市公司相比，证券分析师对治理水平低的上市公司的盈余预测精准度较差，盈余预测分歧度较大；与外部审计质量低的上市公司相比，证券分析师对外部审计质量高的上市公司的盈余预测精准度较高，预测分歧度较小；与证券分析师关注度低的上市公司相比，证券分析师对关注度高的上市公司的盈余预测精准度较高，预测分歧度较小。

目录

第 1 章

绪　　论

1.1　研究背景与研究意义

1.1.1　研究背景

中国证券研究是伴随着中国资本市场发展起来的。中国证券公司研究所肇始于 1992 年成立的申银万国证券研究所，迄今已有 31 年的历史。但是，这些研究部门在成立之初把自己定位在证券公司内部的经纪业务、自营业务和资产管理业务等。自 21 世纪初期，作为中国真正的机构投资者——公募基金开始出现，从这时候开始，证券公司的研究所才开始转型对外服务。自此，伴随着中国资本市场上机构投资者的不断发展，证券分析师行业也不断壮大。截至 2017 年 7 月 12 日，在中国证券业协会注册的证券分析师已超过 2200 人。但是，中国证券市场的参与者不仅仅是机构投资者，同时还包括大量的个人投资者，而且后者还是中国资本市场繁荣与发展的基石。截至 2017 年 7 月，上海和深圳的 A 股个人账户共有 12679.02 万户。但由于时间、精力、经验、知识和渠道的限制，大多数个人投资者并不具备信息收集、加工和证券研究的专业能力。而作为连接上市公司和投资者证券分析师，他们通过搜集和分析上市公司的经营信息和财务数据，向市场上的投资者传递有关公司业绩前景和投资价值的信息，帮助投资者了解上市公司的内在价值。

　　证券分析师的盈余预测长期以来一直是学者关注的重点和热点问题。当前大量文献研究了证券分析师对上市公司的跟踪和关注行为的影响因素（Bhushan，1989；Briker et al.，1999；林小驰等，2007；白晓宇，2009；Lobo et al.，2012；李建强，2015）、证券分析师关注行为的经济后果（Skinner，1990；Brennan & Subrahmanyam，1995；Chan & Hameed，2006；姜超，2013）、证券分析师盈余预测的特征及信息含量（Crichfield & Thomas，1978；Butler & Saraglu，1999；Zhang，2008；Abarbanell & Bernard，2012）、证券分析师的盈余预测影响因素（Hope，2003；Johnathan Clarke，2005；Coen et al.，2005；Black & Carnes，2006；方军雄、洪剑峭，2007；Ang et al.，2011）、证券分析师的决策行为（Hong et al.，2000；Ashton & Cianci，2007；Costello & Hall，2010；伍燕然等，2012；Brown et al.，2013；廖明情和刘欢，2014）。但是，鲜有文献对证券分析师的盈余预测行为的内在机理以及盈余预测有效性进行系统化的分析与研究。本书认为，证券分析师的盈余预测有效性主要体现在以下两个方面：其一，从上市公司层面而言，证券分析师盈余预测有效性是指证券分析师盈余预测值与上市公司当期实际盈余的匹配程度，即证券分析师对上市公司盈余预测的精准度和分歧度问题；其二，从资本市场层面而言，证券分析师的有效性是指证券分析师的盈余预测行为是否提升了股票市场的信息含量，有效地解决了市场的信息不对称问题。

　　本书在这一背景下，借助中国沪深两市 A 股上市公司样本数据，从上市公司层面，研究证券分析师盈余预测有效性问题，即证券分析师对上市公司盈余预测的精准度和分歧度。基于这一基本问题，展开对以下三个问题的研究和分析：首先，盈余质量尤其是盈余持续性是否是证券分析师进行盈余预测的基础性因素？其次，有哪些非财务因素会对上市公司的盈余持续性产生影响？最后，非财务因素和盈余持续性的交互影响是否会对证券分析师盈余预测有效性产生影响？本书对以上三个问题进行分析研究，期望能够作出解答。

1.1.2 研究意义

1.1.2.1 理论意义

首先，相关文献尽管对证券分析师盈余预测行为做了大量的分析研究，但是鲜有文献对证券分析师的盈余预测行为及其有效性进行系统性的分析与研究。本书认为，证券分析师的盈余预测有效性不仅仅是证券分析师盈余预测精准度的问题，更重要的是，证券分析师的盈余预测行为能否提升股票市场的信息含量，能否有效地解决市场的信息不对称问题，这是关乎资本市场有效性的大问题。本书的研究不仅扩展了证券分析师盈余预测有效性的内涵，同时对证券分析师盈余预测行为的内在机理进行了系统分析，从而丰富了证券分析师盈余预测有效性研究的成果。

1.1.2.2 实践意义

从实践意义上看，随着中国资本市场的不断成熟以及其所引致的价值投资理念的不断普及，证券分析师行业对资本市场的影响力越来越大。通过对证券分析师盈余预测行为内在机理的研究，一方面，有助于投资者了解证券分析师盈余预测的行为过程，提升投资者对证券分析师工作的认知程度；另一方面，有助于廓清影响证券分析师盈余预测有效性的关键因素，为证券分析师提升盈余预测工作质量提供方向，对中国证券分析师行业的发展有一定的借鉴意义。

1.2 研究目标与研究方法

1.2.1 研究目标

基于以上分析，本书以中国资本市场为背景，以证券分析师盈余预测有效性为研究对象，通过理论分析与实证检验，以期达到以下目标。

首先，通过相关文献研究与理论分析，系统分析证券分析师进行盈余预测的内在机理。证券分析师作为连接上市公司和投资者的信息中介，通过搜集和分析上市公司的经营信息和财务数据，向市场上的投资者传递有关公司业绩前景和投资价值的信息，帮助投资者了解上市公司的内在价值。因此，有必要对证券分析师盈余预测行为的内在机理以及影响因素进行梳理、分析，为研究证券分析师盈余预测有效性奠定理论基础。

其次，在理论分析的基础上，运用中国资本市场的样本数据，为证券分析师盈余预测有效性的研究提供经验证据。本书在分析证券分析师盈余预测行为内在机理的基础上，提出相关假设，通过构建相应的实证分析模型对相关假设进行实证检验，以获取证券分析师盈余预测有效性的经验证据。

最后，在以上研究发现的基础上，为促进中国证券分析师行业的发展和提高资本市场效率提供相关政策建议。

1.2.2　研究方法

基于本书的研究目标，主要通过下述研究方法展开相关研究，以保证本书研究设计的科学性与合理性以及研究结论的可靠性与稳健性。

1.2.2.1　文献研究法

本书研究采用相关文献档案分析方法，以证券分析师关注、证券分析师盈余预测、证券分析师决策行为三个研究焦点为基准，通过对相关文献的收集、整理和分析，梳理相关文献研究背景、分析相关文献研究思路、比较相关文献研究结论，对相关研究涉及的研究设计、研究方法、研究结论、研究不足和研究前景进行综合性研究。一方面，以此为基础寻找新的研究视角，拓展证券分析师在盈余预测方面的研究内容与研究空间；另一方面，通过对相关研究文献内容的综合整理与分析，为本书证券分析师盈余预测有效性的研究予以研究思路、研究方法的支持和研究结论的佐证。

1.2.2.2 理论分析法

在证券分析师盈余预测相关文献综合、系统研究的基础上，进一步全面总结证券分析师盈余预测所涉及信息不对称理论、有效市场假说以及行为金融理论，对本书研究所涉及的理论进行分析，归纳相关理论的研究基础、分析相关理论的基本观点，同时对相关理论在证券分析师盈余预测领域的应用进行阐述。并以此为据，提出本书的相关研究假设。

1.2.2.3 经验分析法

在相关理论分析和相关假设的基础上，本书采用中国沪深两市A股上市公司的样本数据，通过构建相应的实证模型、选取相关替代变量、采用科学合理的统计与计量方法，完成本书相关研究，以获取稳健、可靠的实证结果。在上市公司数据样本选取方面，本书以2007年作为相关样本数据的采集起点，一方面是基于对2006年颁布的新会计准则影响的考虑，尽可能保证数据统计标准的全面性、完整性与统一性；另一方面是基于对相关变量估计便捷性与科学性的考虑。在样本数据筛选方面，首先，剔除了沪深两市A股金融行业上市公司，主要是基于金融行业的特殊性，予以剔除以确保数据的准确性和研究的严谨性；其次，删除了数据不完整的上市公司样本。此外，在数据处理方面，对实证分析中连续变量的1%和99%进行Winsorize处理，以避免离群值对模型验证的影响。在代理变量选取方面，分别以盈余预测平均值和盈余预测中位数，构建衡量盈余预测有效性的预测精确度和预测分散度变量，并分别计算150天窗口期、120天窗口期和90天窗口期的预测精确度和预测分歧度变量，并基于以往相关研究文献，设计交互变量，筛选其他控制变量。在实证模型设计方面，基于研究目的与研究假设，设计交互项回归模型，进行年度回归和逐步回归。同时，为进一步保证研究设计的合理性和研究结果的科学性，本书还采用子样本检验、更换替代变量、分窗口检验等方法对本书的模型设计和分析结论进行稳健性测试。

1.3　研究内容与研究框架

1.3.1　研究内容

本书针对性地研究证券分析师盈余预测有效性问题。针对以往证券分析师盈余预测领域相关研究的不足，首先，对国内外文献和理论进行了整理、分析与综述，以此为基础，对中国证券分析师行业的发展状况、证券分析师的分布现状以及证券分析师行业存在的问题进行了分析；其次，在概述信息不对称理论、有效市场假说以及行为金融理论的基础上，探讨证券分析师盈余预测行为的内在机理，并提出相关假设；最后，建立相应的实证研究模型，运用中国上市公司相关数据，运用有效的统计和计量方法完成相应的实证分析。通过研究，本书试图深化审计费用和审计质量的相关研究，为优化证券分析师的行业环境提供相关的实证研究和政策支持，以提高证券分析师盈余预测的有效性，保证资本市场的有效运作。

具体而言，本书研究内容安排如下。

本书第1章是绪论，详细介绍本书的研究背景、研究意义、研究目标、研究方法，同时对本书的研究内容、研究框架和研究创新进行了概述。

本书第2章是中国证券分析师行业制度背景分析。首先，对证券分析师的概念以及证券分析师的职能进行了分析阐述，指出证券分析师是取得中国证券业协会颁发的证券投资咨询业务执业资格，并注册为

"证券分析师"，在中国证券监督管理委员会批准和证券投资咨询机构从事证券价值分析、投资评级以及发布研究报告的人员。证券分析师的主要职能是收集信息、分析预测以及发布研究报告。其次，从中国证券行业的发展、证券市场机构投资者的兴起两个层面对中国证券市场的发展进行分析，中国证券分析师行业的兴起与发展起源于中国证券市场的产生与发展。最后，针对证券分析师行业的现状、证券分析师的人口特征分布以及证券分析师行业存在的问题进行了分析和探讨。

本书第3章是相关文献回顾与述评。主要从证券分析师跟踪行为、证券分析师盈余预测行为以及证券分析师决策过程三个方面进行相关文献综述，为本书的理论分析以及实证研究奠定文献研究基础。证券分析师跟踪上市公司行为，即证券分析师关注，是证券分析师对上市公司进行盈余预测的基础，本部分文献综述主要从影响证券分析师关注的因素以及证券分析师关注的有效性两个方面展开综述。证券分析师盈余预测是证券分析师的主要职能，现有研究主要集中于盈余预测的有效性标准以及盈余预测的影响因素方面的研究，证券分析师分析决策行为主要集中于证券分析师的乐观性、羊群效应以及决策机制的研究。这些文献虽然涉及面广泛且深入细致，但是缺乏对证券分析师盈余预测有效性内在机制的系统性研究。基于此，一方面，通过理论分析，认为盈余持续性是影响证券分析师盈余预测有效性的关键性因素，同时还受到其他相关因素的影响；另一方面，通过上市公司样本数据实证检验本书假设，为理论分析提供经验证据。

本书第4章是理论分析与假设提出。对证券分析师行业发展分析以及证券分析师盈余预测相关研究进行文献综述的基础上，进一步全面总结证券分析师盈余预测所涉及信息不对称理论、有效市场假说以及行为金融理论，对本书研究所涉及的理论进行分析，归纳相关理论的研究基础、分析相关理论的基本观点，同时对相关理论在证券分析师盈余预测领域的应用进行阐述。并以此为据，提出本书的相关研究假设。

本书第5章是实证研究设计。首先，在相关文献研究的基础上，结合本书研究需要，分别构建检验盈余持续性的一阶线性自回归模型和检验证券分析师盈余预测有效性的盈余预测精准度模型和盈余预测分歧度模型。其次，结合相关研究文献和相关实证研究模型，本部分设计了被解释变量、解释变量以及控制变量的相应替代变量的计算模型和方法，同时还基于稳健性测试的需要设计了相关变量。再次，详细介绍了本书样本数据来源，同时根据研究模型和变量设计计算方法，收集数据并按照相应的规则进行数据整理；介绍样本数据的行业、年度和其他相关分布特点。最后，介绍了实证研究中使用的统计和测量方法以及用于实施这些研究的计量分析软件。

本书第 6 章是实证研究结果及分析。首先，对主要变量进行了描述性统计分析，尤其是对证券分析师盈余预测精准度、分歧度、关注度等相关变量进行了年度、行业以及窗口期的描述性统计分析；同时，对主要变量进行了相关性分析，考察变量之间的相关性程度，以避免变量之间存在强共线性；对样本进行了分组检验，初步判断假设成立的可能性。其次，对实证模型进行年度样本回归、全样本回归、分项指标样本回归等，检验本书相关假设成立的可能性。最后，通过变换会计盈余代理变量、替换证券分析师盈余预测有效性代理变量、变换证券分析师盈余预测变量估计窗口等对相关模型与结论进行了稳健性检验，检验结果与主模型结果基本一致，说明本书模型构建具有较强的稳定性，本书实证结论具有较强的可靠性。

本书第 7 章是研究结论。首先，总结本书理论分析和实证研究的主要结论，即盈余持续性是影响证券分析师盈余预测有效性的关键因素，盈余持续性越好，证券分析师盈余预测有效性越高，在不同的外部和内部变量的影响下，盈余持续性对证券分析师盈余预测有效性的影响程度有所不同。其次，依据相关研究结论，提出本书的政策性建议。最后，对本书研究的不足之处进行说明，本书研究不足之处主要包括实证模型设计可能存在变量遗漏、替代变量选择存在偏误、样本选择和数据统计存在误差等方面。

1.3.2 研究框架

图 1.1 为本书研究框架结构。

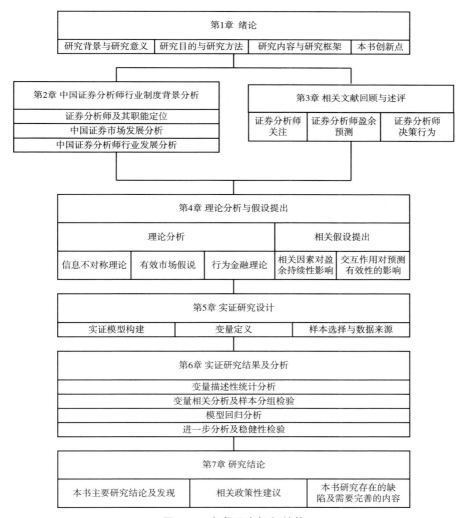

图 1.1 本书研究框架结构

1.4　本书创新点

本书研究是在以往有关证券分析师关注、证券分析师盈余预测行为以及证券分析师决策行为等相关研究的基础上，从上市公司层面，进一步对证券分析师盈余预测的内在机理以及证券分析师盈余预测有效性展开研究。本书在以往相关研究的基础上，实现了以下两个方面的创新。

1.4.1　系统分析证券分析师盈余预测的内在机理

虽然证券分析师盈余预测领域的相关研究已经取得了大量成果，但这些研究还缺乏系统性和进一步深层次的分析。尤其是缺乏对证券分析师盈余预测行为内在机理的研究。本书在全面总结证券分析师盈余预测所涉及信息不对称理论、有效市场假说以及行为金融理论的基础上，提出了证券分析师盈余预测行为的内在机理：证券分析师的上市公司盈余预测行为以公司盈余信息为基础，上市公司盈余持续性是影响证券分析师盈余预测有效性的决定性因素；同时，由于上市公司盈余持续性受诸如公司产权性质、公司治理水平、外部审计质量以及证券分析师关注等公司内外部因素的影响，进而这些因素与盈余持续性的交互作用同样会影响证券分析师盈余预测的有效性。如此，从理论层面构建了证券分析师盈余预测行为的分析框架，对证券分析师盈余预测理论进行了扩展和创新。

1.4.2　实证分析盈余持续性与相关因素交互作用对盈余预测有效性的影响

本书在系统分析证券分析师盈余预测行为内在机理的基础上，构建交互效应模型，考察公司产权性质、公司治理水平、外部审计质量以及证券分析师关注四个因素与盈余持续性交互作用，以更深入地分析盈余持续性对证券分析师盈余预测有效性的影响。研究发现，上市公司内外部环境与盈余持续性的交互效应会对证券分析师盈余预测有效性产生影响。具体而言，与产权性质为非国有的上市公司相比，证券分析师对产权归属于国有的上市公司的盈余预测精准度较差，预测分歧度较大；与治理水平高的上市公司相比，证券分析师对治理水平低的上市公司的盈余预测精准度较差，盈余预测分歧度较大；与外部审计质量低的上市公司相比，证券分析师对外部审计质量高的上市公司的盈余预测精准度较高，预测分歧度较小；与证券分析师关注低的上市公司相比，证券分析师对关注度高的上市公司的盈余预测精准度较高，预测分歧度较小。

第 2 章

中国证券分析师行业制度背景分析

2.1　证券分析师及其职能定位

2.1.1　证券分析师概念界定

在美国、英国、日本等发达国家，证券分析师通常是指参与证券投资决策过程的专业人员。金融分析师、投资分析师、投资顾问和财务顾问有时被称为证券分析师。在美国，投资管理和研究协会（AIMR）对专业投资分析师有明确的定义。专业投资分析师是指从事评估或应用金融、经济和统计数据进行财务分析、投资管理、证券分析等其他相关业务的个人。AIMR 授权的证券分析师被称为特许金融分析师（CFA），该分析师有资格成为证券分析师。从证券分析师的职能定位而言，证券分析师主要是指注册证券经纪机构和交易商协会的具体成员，不论其是否具有证券分析师的头衔，其主要职责是负责撰写或提供证券研究报告（SOX 法案，2002）。在日本，日本证券分析师协会（SAAJ）监管证券分析业务。证券分析业务是指与证券投资相关的各种信息的分析和投资价值评估。基于此，与美国类似，提供投资信息、投资建议或投资管理并经 SAAJ 授权的证券分析师被称为日本证券分析师协会（CMA）的特许成员，也属于证券分析师。这说明证券分析师不仅限于职业，有时也代表资格。具有证券分析师资格的金融专业人员往往为证券公司、基金公司、保险公司、信托公司、投资银行和其他证券咨询公司工作。因此，证券分析师不仅包括基于上市公司研究进行单一证券分析和评估的分析师，还包括为证券投资组合的使用和管理提供投资建议的投资组合经理、基金经理和投资顾问，甚至包括经济科学家、商业策略师、投资策略师和一系列广泛的专业人士。

在中国，中国证券业协会颁布的《证券分析师职业道德守则》（2005 年修订）规定，证券分析师是指具有中国证券业协会认定的证券投资咨询业务资格，并在经中国证券监督管理委员会批准的证券投资咨询公司从事证券投资咨询业务的人员。现行法律法规界定的"证券投资咨询业务"是指向证券投资者或者客户提供证券投资的相关信息、分析、预测、建议以及直接或者间接接受服务费的活动。客户包括个人投资者、公司的投资管理部门和投资银行部门，以及与公司签订咨询服务合同的具体对象，如基金、信托等机构投资者。服务形式包括提供证券投资咨询业务，如提供投资品种选择、投资组合、理财规划方案、发行证券及证券相关产品价值分析、行业研究、投资策略等研究报告。为加强证券投资咨询从业人员分类管理工作，中国证券业协会于 2010 年 11 月发布了《关于证券投资顾问和证券分析师注册登记有关事宜的通知》，通知规定证券公司和证券投资咨询机构的从业人员从事证券投资顾问业务的应当申请注册为证券投资顾问；从事证券研究报告发行业务的，应当申请注册证券分析师；同一的人员不得同时申请注册为证券投资顾问和证券分析师。综上所述，本书认为，证券分析师的定义有广义和狭义之分。

广义的证券分析师是指获得中国证券业协会颁发的证券投资咨询业务资格，并在中国证券监督管理委员会批准的证券投资咨询机构从事证券投资咨询业务的人员，包括从事投资咨询和发布证券研究报告的全体人员。

　　狭义的证券分析师是指获得中国证券业协会颁发证券投资咨询业务资格的人员，并登记注册为"证券分析师"，在经中国证券监督管理委员会核准的证券投资咨询机构从事证券研究、证券估值、投资评级和发布研究报告的人员。本书重点研究的是狭义的证券分析师，即以机构投资者为主要服务对象的"证券分析师"。

2.1.2　证券分析师的类型

　　在理论与实务领域，根据不同的分类标准，对证券分析师的类型也有不同的分组。一般来说，实务界和理论界倾向于将不同机构的证券分析师根据不同的客户分为以下四类。

2.1.2.1　卖方分析师

　　卖方分析师一般在中信证券、中金公司、国泰君安、申万宏源等证券公司的研究部门工作，向外部机构投资者及其他客户提供研究报告。

2.1.2.2　买方分析师

　　买方分析师主要在证券公司、基金公司、私募股权公司以及资产管理公司的投资管理部门工作，如券商投资管理部、券商资产管理部门、基金公司和保险公司下属的资产管理公司，等等，从其他机构购买研究报告，然后提供投资建议供所属公司投资决策使用。

2.1.2.3　独立分析师

　　独立分析师一般与上市公司股票发行与承销业务无关，撰写和出售独立性较高的研究报告。独立分析师主要在证券投资咨询公司，如北京天相财富管理顾问有限公司等。

2.1.2.4　经纪业务分析师

经纪业务分析师主要为大客户和普通散户做投资顾问服务。经纪业务分析师主要在证券公司经纪部门工作，如东方证券、国泰君安等证券公司的营业部。

同一机构内部也存在多种类型的证券分析师。有关法律法规明确规定，证券公司应当建立研究部门、投资部门和交易部门之间的隔离制度。在每个部门内，通常会部署专门的证券分析师。根据不同的下属部门，证券分析师可以分为销售部门（经纪部门）分析师、自营分析师、投资分析师、研究分析师；根据工作内容的不同，证券分析师可以分为财务分析师、技术分析师、行业分析师等；根据岗位级别可分为首席分析师、高级分析师、（中级）分析师、初级分析师等。

表 2.1 为证券分析师分类。

表 2.1　　　　　　　　　　　证券分析师分类

分类标准		主要类型
不同机构	服务对象	卖方分析师、买方分析师、独立分析师和经纪业务分析师等
	所属机构	券商分析师、基金分析师、银行分析师、信托分析师等
同一机构内部	隶属部门	营业部分析师、投资银行部分析师、研究部分析师等
	工作内容	基本面分析师、技术分析师等
	岗位级别	首席分析师、高级分析师、中级分析师和初级分析师等

2.1.3　证券分析师的职能定位

作为资本市场上相关信息的媒介，证券分析师的职能是从事信息的

"输入与输出"。通过收集公共信息和私人信息，整合宏观经济、行业发展信息以及上市公司的经营状况和发展潜力信息，评估上市公司的内在价值，并向投资者发布研究报告。拉马纳坦（Ramnath，2008）的研究表明，证券分析师获得的信息来自多种来源，包括：美国证券交易委员会的文件和其他信息，例如，上市公司的授权书，季度和年度报告；行业和宏观经济环境研究；上市公司电话会议和其他管理讨论。通过这些渠道收集相关信息，然后进行分析，做出进一步的盈利预测、目标价格预测、股票建议以及描述公司发展前景的研究报告。总之，证券分析师的主要职能包括以下三个方面。

2.1.3.1　收集信息

证券市场是一个与信息高度相关的市场，也是虚拟资本的特殊市场。信息在证券市场的价格发现和价格均衡中起着直接的作用。信息也是主要投资者参与市场的决策依据。因此，信息是证券市场的中枢和核心，它决定着证券市场的涨落和流动。例如，如果产品市场是一个质量市场，那么股票市场就是一个信息市场。证券市场信息是指可以直接或间接对证券价格产生不同强度影响的所有因素和事件。中国证券业协会于2012年颁布的《发布证券研究报告执业规范》的第七条指出，证券研究报告可以使用的信息来源包括：政府部门、行业协会、证券交易所等机构发布的政策、市场、行业以及企业相关信息；上市公司按照法定信息披露义务通过指定媒体公开披露的信息；上市公司及其子公司通过公司网站、新闻媒体等公开渠道发布的信息，以及上市公司通过股东大会、新闻发布会、产品推介会等非正式公告方式发布的信息；证券公司、证券投资咨询机构通过上市公司调研或者市场调查，从上市公司及其子公司、供应商、经销商等处获取的信息，但内幕信息和未公开重大信息除外；证券公司、证券投资咨询机构从信息服务机构等第三方合法取得的市场、行业及企业相关信息；经公众媒体报道的上市公司及其子公司的其他相关信息；其他合法合规信息来源。①

2.1.3.2　分析预测

证券分析师的核心工作是在收集信息的基础上对股市和上市公司进行分析预测，为投资者提供投资建议。证券分析师分析包括宏观经济与行业分析、财务分析、市场与股票运行特征分析。

（1）宏观经济与行业分析。宏观经济与证券市场息息相关，宏观经济的发展直接影响证券市场的走势。证券市场也是宏观经济的一种表现形式，被称为宏观经济的"晴雨表"。因此，对证券市场的分析首先要研究宏观经济基本面，为确定证券市场走势奠定基础。由于上市公司具有一定的行业背景，通过研究公司所处的行业环境，上市公司本身及其竞争对手的管理运作机制，判断公司的过去和现在的发展情况，可以对公司业务战略和发展做出预测。虽然证券市场对定性分析的要求很高，但其结果对投资者的具体投资操作并没有太多的指导意义，而是作为财务分析和投资分析的出发点而存在。财务分析和投资分析中的许多假设前提实际上都是宏观经济和行业分析的结果。

（2）财务分析。财务分析的目的是利用上市公司各种来源的财务信息，主要是上市公司披露的年度报告、半年报、季度报告等上市公司财务报表，通过一定的分析程序和方法分析公司的过去以及目前的经营状况，找出影响上市公司经营目标实现的因素以及各因素对实现经营目标的变化所起的作用。通过分析各种影响因素的变化，我们可以判断公司的未来运作情况、未来方向，为公司内部会计信息的内部和外部用户提供决策信息。公司财务分析包括利润分析、资产分析、股权分析、财务结构和综合分析。

（3）市场与股票运行特征分析。证券市场和股票的运行有一定的

---

① 《发布证券研究报告执业规范》由中国证券业协会依据《中国证券业协会章程》和《发布证券研究报告暂行规定》的有关要求制定，2012 年 6 月 19 日发布，2012 年 9 月 1 日起施行。

特点和规律。许多投资分析理论基于市场和股市历史运行的特点，对规律进行总结，分析未来趋势。这种分析是研究市场和股票历史特征，根据投资分析理论，找出市场和股票的运作规律，然后推测市场和股票的未来走向。以上两点属于基本分析，后者属于技术分析。

预测是证券分析师在分析的基础上，运用投资分析理论，对股市的未来走势即大盘的趋势做出判断，特别是预测未来股市看涨、看跌和盘整。投资者只有跟随大盘的走势进行操作，才能获得更为稳定的收益，逆势操作不仅困难大而且收益小。同时，由于投资者的投资要最终落实在股票上，股市涨跌只代表股票的基本走势，不少股票在股市大涨时，上涨幅度不及大盘甚至下跌，而有些股票价格在股市下跌的时候跌幅较小甚至逆势上涨，所以投资者更关注特定股票的走势。证券分析在行业分析和财务分析的基础上，依据股票在股市中的表现，分析股票价格是否反映其内在价值，对未来的方向作出具体的判断。在一个理性的股票市场中，股票价格的实际变化是对证券分析师预测能力的最好检验。

2.1.3.3　交流沟通

作为证券市场的一个特殊群体，证券分析师在证券市场中发挥着重要的作用，证券分析师是证券市场与投资者之间的桥梁和纽带。与投资者、上市公司和监管机构的沟通是实现这一作用的基本方式。

与投资者沟通是实现证券分析师价值的重要途径，证券分析师收集信息和预测分析的目的是为了投资者，只有与投资者沟通，分析人员才能把分析结果进行传播以引导投资者进行投资决策；只有与投资者沟通，才能了解投资情况、情绪、期望，等等，使投资分析更符合投资者的需求。证券分析师与投资者沟通主要分析他们的预测结果；并形成投资分析报告，发送到各自的机构或通过新闻媒体向公众投资者公布。有时投资者在投资中遇到特定的问题，也需要与证券分析师直接沟通，许多投资者询问证券分析师关于他们持有的股票在未来如何进行处理等。

与上市公司的交流是证券分析师收集信息、分析上市公司的重要渠道，只有与上市公司建立稳定和长期的关系，以获得准确的信息，才能为正确做出分析预测提供保证。与上市公司沟通可以通过年度股东大会和对上市公司直接访问中进行，还可以定期组织包括上市公司人员参与证券分析师的会议，由于上市公司一般更注重二级市场的形象，他们通常很乐意参与这样的会议。

与监管部门的沟通是证券分析师接受主管部门的监督，发表建议或反映投资者声音的重要方式。监管机构作为证券分析师的监督部门，只有与监管部门保持密切的交流沟通关系，才能了解最新的监管政策，并对政策的实施发表意见等。同时，证券分析师作为与投资者沟通交流的专业人士，代表投资者向监管部门反映问题，提出对策性意见，也是证券分析师应尽的职责。

2.2　中国证券市场发展分析

中国证券分析师行业的兴起与发展起源于中国证券市场的产生与发展。因此，了解中国证券市场的发展进程，有助于深入理解和把握中国证券分析师行业的发展趋势。本节主要从中国证券行业的发展、证券市场机构投资者的产生与发展两个层面对中国证券市场的发展进行分析。

2.2.1　中国证券行业的发展

从中国现代资本市场的发展脉络看，自 20 世纪 80 年代初恢复国债发行算起，中国资本市场已经走过了 40 余年的发展历程。持续的经济体制改革和发展市场经济促进了直接融资和资本市场的诞生与发展，中国证券行业正是在这一进程中发生和发展的。回顾中国资本市场 40 余年的发展进程，证券行业的发展大致可以分为四个阶段：以沪、深证券交易所的成立为标志的萌芽阶段（1979～1990 年）；以证券行业从混业经营到分业经营为标志的初步发展阶段（1990～1999 年）；以发行制度改革和券商综合治理为标志的规范重整阶段（2000～2007 年）；走向金融混业趋势下，以大资产管理和直接股权融资等创新业务兴起为标志的新发展阶段（2007 年至今）。

2.2.1.1 萌芽阶段

改革开放伊始，中国特色社会主义商品经济逐步发展起来，市场经济体制呼之欲出，这为中国证券市场的产生和发展提供了必要的客观现实基础。财政部于 1981 年首次公开发行国库券，标志着中国证券市场的重新建立。同时，20 世纪 80 年代初的金融体制改革，使中国金融体制具备了走向初步混业经营的基础，各家商业银行都纷纷开展证券经纪业务，投资银行的萌芽开始出现。在这一阶段，证券行业的参与者主要是商业银行成立的证券公司，受限于资本市场发展还处于初期阶段，存在诸多缺陷与不足，商业银行处于证券市场的主导地位，证券公司此时并未成为证券市场的独立参与者。

2.2.1.2 初步发展阶段

1992 年 2 月，邓小平南方谈话确立了资本市场"敢为人先，敢于试错"的政策基调，中国证券行业进入了长达 10 年的探索期。在此阶段，在证券市场上"全能银行"一家独大，"原始混业"的格局下，由于没有专门的证券监管机构，加之监管政策缺失，证券经营机构的业务开展较不规范。深圳"8·10"事件的爆发，直接催生了中国证券监督管理委员会的设立。同时，伴随着经济过热而出现的金融混乱，也催生了"分业经营、分业监管"的政策思路。到 20 世纪 90 年代中期，"原始混业"时代宣告结束。伴随着分业经营时代的到来，中国证券行业进入了一个快速发展阶段。

2.2.1.3　规范重整阶段

2000 年前后，由于中国证券监管制度尚不够健全，市场缺乏规范，加之证券公司的法人治理机制不到位，在证券市场阶段性大繁荣的背景下，证券业的违规经营问题凸显出来。"坐庄"炒股、联手操纵股票、非法债券回购交易、账外自营、非法融资、违规担保等问题频发。这些违规操作在市场繁荣时期给证券机构带来了短期的投机性"利润"。然而，随着市场的逆转，这些违规操作也由此成为证券行业的致命风险隐患。2001 年，证券市场在达到 2240 点的阶段性高位后，一路下行，随之短暂性恢复上涨，但直至 2005 年下半年，指数惨遭腰斩，证券行业陷入低迷，部分证券公司经营困难，甚至倒闭。

证券行业的危机使得中央政府不得不下定决心治理规范证券行业，以保持证券市场的稳定发展。2004 年，国务院颁布了《国务院关于推进资本市场改革开放和稳定发展的若干意见》，在其安排指引下，证券行业从 2004 年 8 月进入综合治理阶段，整个综合治理过程为期三年，到 2007 年 8 月底才结束。

此阶段，证监会进行了资本市场股权分置改革，解决了历史遗留的因制度设计缺陷而导致的存量问题，发行制度改革解决了新股发行机制的非市场问题，证券发行从审批制进入核准制，这两项改革意义重大，是对中国证券市场制度设计的重构和市场再造。在存量改革的同时，2007 年 7 月，中国证券监督管理委员会发布《证券公司分类监管工作指引（试行)》和相关通知，该工作指引引入了"分类监管"思想，这标志着以证券公司风险监控能力为核心的分类监管思想步入落实阶段，证券行业合规经营时代的到来。

2.2.1.4　混业趋势下的新发展阶段

经过三年的券商综合治理后，中国证券行业逐步走出了困顿局面，开始了新的发展。随着相关支撑性制度体系改革的推进，资本市场日益活跃，进入快速发展阶段。证券行业收入大幅上升，证券公司边缘化局面逐步改变。然而，2012 年以后，在 IPO 暂停和股市低迷的冲击下，各证券公司再次遭遇行业危机。依托牌照垄断和通道制的传统模式已经走到了尽头，证券公司进行自身业务模式革新势在必行。在证券公司转型综合金融服务模式背景下，证券公司从事多元化业务经营已成为发展趋势。

2012 年，中国金融市场迎来"大资管时代"，当年 5 月的券商创新大会后，在监管机构松绑之下，开启了券商大规模进军资产管理业务的序幕。证券业的政策利好、市场利好和加杠杆等多项红利推动了证券行业的发展，为行业发展开辟了新的空间。尤其是在"大众创业，万众创新"的经济环境下，证券行业进入创新改革的重要时期，证券公司业务模式也开始进入全面改革时期，资本中介服务、资产管理业务以及直接投资业务等创新型业务引领行业进入新的发展阶段。

2.2.2　证券市场机构投资者的产生与发展

中国证券市场机构投资者的发展与证券分析师的产生发展密切相关。因此，了解证券市场机构投资者的发展历史，有助于深入了解和把握证券分析师行业的发展趋势。目前，中国证券市场的机构投资者包括证券投资基金（公募基金）、保险基金、社保基金、财务公司、QFII 和私募股权基金，等等。证券投资基金无论规模、研究能力还是市场影响力，都是中国资本市场机构投资者的主力和代表。

2.2.2.1　证券投资基金的发展历程

中国证券投资基金肇始于 1991 年，以 1997 年 10 月《证券投资基金管理暂行办法》的颁布实施为标志，分为两大发展阶段。1991 ~ 1997 年，全国共设立证券投资基金 72 个，筹集资金 66 亿元。这些投资基金在设立、管理和托管等方面缺乏明确和有效的监管机构和监管规则，进而导致基金投资范围过宽、所投资产质量不高。大部分投资基金的资产主要包括证券、房地产和融资等，房地产占比较大，流动性较低，回报率普遍较低。1997 年 10 月，《证券投资基金管理暂行办法》（以下简称《暂行办法》）的颁布实施表明我国基金业已进入规范发展阶段。《暂行办法》明确规定了证券资金的设立、募集以及基金托管人、基金管理人和基金持有人的权利义务，并对基金投资运作管理进行了相应的规范。1998 年 3 月，金泰和开元证券投资基金的成立标志着规范的证券投资基金成为中国基金行业的主导方向。从 1998 年至今，中国证券投资基金行业规模和基金持有市值占总市值的比例都出现了较快的发展。

2.2.2.2　价值投资理念成为主流投资思想

自首批证券投资基金成立以来，中国证券市场的主流投资理念已转向价值投资。随着 2001 年中国股市从牛市转向熊市以及股票投机时代的结束，证券市场的机构投资者开始探索和接受国际市场广泛流行的价值投资理念。例如，2001 年 9 月成立的第一批开放式基金——南方稳健成长基金（202001），其投资理念是"秉承价值投资和稳健投资理念，通过深入的调查研究，挖掘上市公司的价值，寻找被低估的证券，采取低风险适度收益的配比原则，通过科学的组合同投资，降低投资风险，以长期投资为主，追求基金资产的长期稳定增值。进行市场调研，证券分析人员根据各咨询机构提供的研究报告以及其他信息来源，选定重点关注的股票范围；在重点关注的股票范围内根据自己的调查研究选定有价值的股票向基金经理作出投资建议；根据基金经理提出的要求，对上市公司进行研究并提出投资建议。"[①] 因此，在南方稳健成长基金的招募说明书中，内部研究仍然是决策的关键，但是外部研究力量的作用被首次提及。

---

① 郑方镳．中国证券分析师行业研究：效率、行为与治理［D］．厦门：厦门大学，2009．

从第一批证券投资基金设立开始，中国证券市场的主流投资理念开始转向价值投资。随着 2001 年中国股市由牛转熊，投机盛行的庄股时代结束，证券市场的机构投资者开始探索和接受在国际市场上被广泛认同的价值投资理念。

自 2003 年后，以上市公司基本面分析为核心的价值投资思想被所有公募基金公司接受并成为主导型的投资理念和决策依据。以国内著名的华夏基金管理公司为例，其基金招募说明书中均明确阐述"本基金股票投资研究依托公司整体的研究平台，同时整合了外部信息以及券商等外部研究力量的研究成果。公司研究员按行业分工，负责对各行业以及行业内个股进行跟踪研究。在财务指标分析、实地调研和价值评估的基础上，研究员对所研究的股票、行业提交投资建议报告，供基金经理小组和投资决策委员会参考。此外，公司有专门的宏观经济研究员，负责分析消费、投资、进出口、就业、利率、汇率以及政府政策等因素，为资产配置决策提供支持。"① 由此可见，以证券公司研究机构为主体的证券分析师已成为中国证券市场最重要的信息中介。中国证券分析师行业正是在中国证券市场机构投资者的发展和价值投资思想成为主流投资思想的前提下逐步产生与发展起来的。

2.3　中国证券分析师行业发展分析

2.3.1　中国证券分析师行业发展现状

近年来，经济增长和活跃的证券市场推动了投资者对咨询投资产品

---

① 引自《华夏红利混合型证券投资基金招募说明书（更新）》（http：//fund. eastmoney. com/gonggao/002011，AN201608120017047796. html）。

和服务的需求，直接为证券投资咨询机构的发展带来了商机。同时，随着公募基金、社保基金和 QFII 机构投资者的不断发展壮大，证券投资咨询业的经营理念和业务模式也面临着转型升级的挑战。传统的"股评"已经不能满足市场的需求。有关宏观策略、行业发展与上市公司的高端研究逐渐受到投资者的欢迎①。

　　证券分析师的工作业务是一种证券投资咨询业务。根据《证券、期货投资咨询管理暂行办法》，申请证券投资咨询业务资格的机构注册资本需要 100 万元以上，公司应当配备至少 5 名专职人员从事证券投资咨询业务；此外，还必须符合中国证券监督管理委员会要求的公司硬件、管理体系和其他条件。② 从证券投资咨询机构的发展历程来看，主要可以分为以下三种类型。

2.3.1.1　独立运作型证券投资咨询公司

　　独立运作型的证券投资咨询机构大多是私营企业，独立运作，有自己独特的企业规划和市场导向的盈利模式。这类证券投资咨询机构涵盖了广泛的业务，涉及证券研究、投资顾问、基金销售、财务顾问、管理咨询、证券信息咨询以及专业培训等诸多领域。目前，全国有 90 多家独立运作的证券投资咨询公司。规模较大的公司大部分集中在上海、北京和深圳等经济发达的城市，如北京金美林、大智慧等。③

2.3.1.2　附属券商的证券投资咨询研究部

　　作为证券公司附属的证券投资咨询研究部门或研究中心，其研究范围较为广泛，涉及国际和国内两种市场、宏观和微观两种层面、上市公

---

　　① 中国证券业协会. 中国证券业发展报告：2010 ［M］. 北京：中国财政经济出版社，2010.
　　② 详见中国证监会网站—行政法规：《证券、期货投资咨询管理暂行办法》（http：//www. csrc. gov. cn/pub/newsite/flb/flfg/xzfg_8248/200802/t20080227_191570. html）.
　　③ 中国证监会网站。

司和非上市公司两种公司形态，证券分析师采用动态跟踪的方式由点到面进行研究，在最大限度上为投资者提供各种投资决策建议。证券投资咨询研究部门的工作及其研究成果对公司投资策略的制定和运作产生了深远的影响。目前，在 119 家证券公司中，有 94 家设立了证券研究部门，共有分析师 2255 人。[①]

2.3.1.3　基于券商背景独立运作的证券投资咨询研究公司

基于券商独立运作的证券投资咨询公司既与证券公司保持密切联系，又具备自身的独立管理优势。这类机构在中国证券投资咨询行业中较少。以申银万国证券研究所为例，目前，该研究所已经发展为 300 多个研究服务团队，客户已经扩展到全球范围，几乎包括内地所有的基金管理公司、大型保险公司、保险资产管理公司、商业银行、信托以及以信托为平台的资产管理公司、财务公司、私募资产管理机构和其他包括 QFII、北美、欧洲和亚太区域机构在内的海外投资机构（证券业协会，2010；上海财经大学投资研究所；2012）[②]。

一般来说，证券行业通常将在独立咨询公司工作的证券分析师称为"独立分析师"，在证券公司工作的证券分析师称为"卖方分析师"。

从投资咨询业务类型来看，早期为个人投资者服务的投资咨询业务已经扩展到为机构投资者服务的证券研究业务以及财务顾问、基金顾问等咨询业务。从国际经验来看，证券分析师业务的类型主要是前两者。《中国证券业协会证券分析师职业道德守则（2005）》规定："证券分析师是指取得中国证券业协会颁发的证券投资咨询执业资格，并在中国证券监督管理委员会批准的证券投资咨询机构从事证券投资咨询业务的人员。"[③] 此外，为

---

① 中国证监会网站。

② 上海财经大学投资研究所. 2012 中国投资发展报告——不断提高证券分析师的胜任能力［M］. 上海：上海财经大学出版社，2012.

③ 中国证监会网站"关于发布《中国证券业协会证券分析师职业道德守则》的通知"（http：//www. sac. net. cn/tzgg/200509/t20050921_20895. html）.

了加强证券投资咨询执业人员的分类管理，中国证券业协会于 2010 年
11 月发布了《关于证券投资顾问和证券分析师注册登记有关事宜的通
知》，通知规定：在证券公司和证券投资咨询机构从事证券投资顾问业
务的执业人员，申请注册登记为证券投资顾问；从事发布证券研究报告
业务的执业人员，申请登记为证券分析师；同一人员不得同时申请登记
为证券投资顾问和证券分析师。① 因此，本书所研究的证券分析师是指
向机构投资者和一般投资者提供证券研究产品或服务的"研究员"。

2.3.2　中国证券分析师现状分析

2.3.2.1　中国证券分析师的机构分布

根据中国证券业协会"从业人员注册信息公示"，本书统计了相关
金融机构证券分析师的人员总数。从表 2.2 可以看出，证券分析师主要
工作于证券公司和证券投资咨询公司，这类证券分析师也就是卖方分
析师。

表 2.2　　　　　　　　　　金融机构证券分析师人数统计

机构类型	机构总数（家）	从业人员总数（人）	证券投资咨询业务人员总数（人）		
			分析师	投资顾问	其他
证券公司	119	331012	2255	37661	0
证券投资咨询公司	85	4876	117	1981	0
资产管理公司	11	1486	0	0	0
资信评级公司	7	309	0	0	309
合计	222	337683	2372	39642	309

注：该数据根据中国证券业协会"从业人员注册信息公示"整理，数据截至 2017 年 7 月 12 日。

———————————

① 中国证监会网站"关于证券投资顾问和证券分析师注册登记有关事宜的通知"
（http：//www. sac. net. cn/cyry/zgpt/zggg/201011/t20101117_32121. html）.

1997 年，国务院证券委员会颁布了《证券、期货投资咨询管理暂行办法》，该办法规定"从事证券、期货投资咨询业务的人员，必须取得证券、期货投资咨询从业资格并加入一家有从业资格的证券、期货投资咨询机构后，方可从事证券、期货投资咨询业务。"[①] 截至 2017 年 7 月 12 日，在中国证券业协会登记注册的证券公司有 119 家，共有证券从业人员 331012 人，其中登记注册的证券分析师为 2255 人，证券分析师占全部从业人员总数比例为 0.68%；证券投资咨询公司有 85 家，有证券从业人员 4876 人，其中证券分析师为 117 人，证券分析师占全部从业人员总数比例为 2.40%；资产管理公司和资信评级公司没有从业人员注册为证券分析师。[②]

2.3.2.2　中国证券分析师的教育水平

截至 2017 年 7 月 12 日，在中国证券业协会注册登记的证券分析师都是本科及以上学历，其中本科学历 360 人，占比为 15.18%；硕士研究生学历 1742 人，占比为 73.44%；博士研究生学历 270 人，占比为 11.38%；硕士以及以上学历证券分析师占证券分析师总人数的 85% 左右，说明我国证券分析师的教育水平整体较高，在一定程度上能够满足证券行业的发展需求，如图 2.1 所示。

2.3.2.3　中国证券分析师的性别分布

截至 2017 年 7 月 12 日，在中国证券业协会注册登记的证券分析师的性别状况为：男性为 1554 人，女性为 818 人，分别占证券分析师总人数的比例为 65.51% 和 34.49%，整体而言，男性比例占多数，如图 2.2 所示。

---

① 中国证监会网站《证券、期货投资咨询管理暂行办法》（自 1998 年 4 月 1 日起施行），（http://www.sac.net.cn/pxzx/flfgzq/201409/t20140918_104810.html）.

② 中国证监会网站。

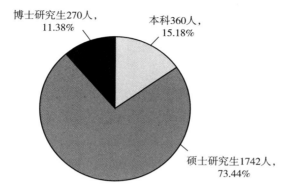

图 2.1 中国证券分析师教育水平

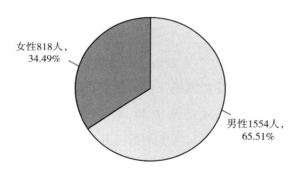

图 2.2 中国证券分析师性别分布

2.3.2.4 中国证券分析师从业时间分析

证券分析师的从业时间从首次取得执业资格开始计算。截至 2017 年 7 月 12 日，在中国证券业协会注册登记的证券分析师有 5 年及以上工作经验的有 601 人，占证券分析师总人数的 25.34%；3～5 年工作经验的有 404 人，占证券分析师总人数的 17.03%；3 年及以下工作经验的证券分析师有 1367 人，占证券分析师总人数的 57.63%，如图 2.3 所示。这说明中国证券分析师的从业时间整体较短，行业发展还处于成长期。

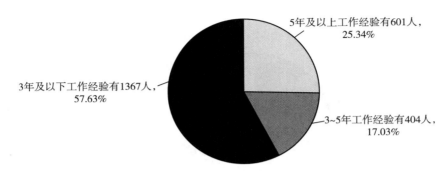

图 2.3 中国证券分析师从业时间分布

2.3.3 中国证券分析师行业发展存在的问题

我国证券市场经过 40 多年的发展，无论从数量上还是规模上均名列前茅。伴随着资本市场的发展，中国的证券分析师队伍也逐渐发展壮大。国内的证券分析师行业已经从 20 世纪 90 年代的"股评家"群体发展为至今初具规模、专业化程度不断提升的现代证券分析师队伍。

虽然独立性和客观性是证券行业的职业准则和证券分析师的立业之本。但实际上，各种关联交易的存在使证券分析师经常面临各种利益冲突，难以保证研究报告的独立性和客观性。本书认为，目前证券分析师行业主要存在以下几个问题：一是就业门槛较低，许多人虽然有证券分析师的资格，却没有证券分析师的能力；二是一些证券分析师专业能力较低，导致投资者和社会公众对他们缺乏信任感；三是一些证券分析师违反了独立客观的原则，经常发布虚假信息来误导投资者；四是证券分析师行业存在内幕交易、个别人操纵市场、个人利益冲突、信息隔离制度失灵等问题；五是一些证券分析师不重视社会形象，破坏证券分析师行业的声誉；六是证券分析师行业自律制度尚未形成，没有发挥应有的行业自律作用；七是证券分析师行业监管不严，缺乏明确的证券分析法律制度对行业从业人员行为的制约和保护。

2.4　本 章 小 结

首先，本章对证券分析师的概念以及证券分析师的职能进行了分析阐述，指出证券分析师是取得中国证券业协会颁发的证券投资咨询业务执业资格，并注册为"证券分析师"，在中国证券监督管理委员会批准和证券投资咨询机构从事证券价值分析、投资评级以及发布研究报告的人员。证券分析师的主要职能是收集信息、分析预测以及发布研究报告。其次，从中国证券行业的发展、证券市场机构投资者的出现与发展两个层面对中国证券市场的发展进行分析，中国证券分析师行业的出现与发展根源于中国证券市场的产生与发展。最后，对证券分析师行业的现状、证券分析师的人口特征分布以及证券分析师行业存在的问题进行了分析和探讨。

第 3 章

相关文献回顾与述评

证券分析师行业以及证券分析师预测行为对资本市场的发展有重要作用，与证券分析师相关的研究也大受重视。盈余预测，作为证券分析师的主要职能之一，也是其他职能的基础，在证券分析师的相关研究中占据了极其重要的地位。本章主要从证券分析师关注、证券分析师盈余预测以及证券分析师决策行为研究三个方面进行相关文献综述。

3.1 证券分析师关注

证券分析师关注又称为证券分析师跟踪。证券分析师通常需要关注和跟踪其所在行业的上市公司与重要的非上市公司，整理和分析公司的各项信息。证券分析师对上市公司的跟踪和关注是证券分析师的选择性行为，会受到相关因素的影响，同时也会引致一定的经济后果。本节主要从证券分析师关注的影响因素和证券分析师关注的经济后果两方面进行文献综述。

3.1.1 证券分析师关注的影响因素

3.1.1.1 上市公司基本特征

布尚（Bhushan，1989）通过美国上市公司的样本数据，实证研究证券分析师关注的影响因素，研究发现，上市公司的规模、机构投资者投资水平、公司股价波动性、个股收益与市场收益的相关性等与证券分析师跟踪人数正相关；公司内部人持股水平和业务多元化程度与证券分析师跟踪人数负相关。马斯顿（Marston，1997）采用英国上市公司样本数据的实证结果与布尚研究结论一致，同时还发现海外上市也能增加证券分析师关注。这说明证券分析师关注的影响因素研究具备国际性质。奥布赖恩和布尚（O'Brien & Bhushan，1990）研究发现，证券分析师跟踪与上市公司机构持股比例、公司所处行业业务增长率正相关。皮尔森（Pearson，1992）实证结论指出，证券分析师跟踪与股票的风险系数、公司价值以及行业内公司数目正相关，而与股票的异质波动存在负相关。雷简和瑟维斯（Rajan & Servaes，1997）发现，公司 IPO 的抑价行为会引起更多的证券分析师关注。布莱尔等（Briker et al.，1999）研究发现，证券分析师跟踪人数与上市公司股票市场风险、公司内部人持股比例、机构投资者持股比例以及公司业务的复杂性存在负相关关系。林小驰等（2007）采用中国上市公司数据实证分析发现，国外证券分析师倾向预测经营业绩较好且风险较小的公司，同时还更为关注公司治理结构较好的上市公司。与之结论一致，相关研究还发现证券分析师更倾向于关注所有权与控制权分离度较高和存在金字塔型控股结构的公司（Boubaker & Labegorre，2008）。蔡卫星和曾诚（2010）通过中国上市公司样本数据分析上市公司业务多元化水平与证券分析师关注之间的关系，研究结果表明，上市公司业务多元化程度会导致证券分析师获取、整理、分析解读信息的成本，进而会引致证券分析师关注的下降，这说明证券分析师关注存在成本与收益的均衡。王宇超等（2012）研究发现，中国本土证券分析师对规模较大、机构投资者投资比例高以及投资者关系管理水平高的上市公司赋予更高的关注度，而对投资风险以及业务复杂度高同时公司高管持股比例高的公司呈规避状态。

3.1.1.2　上市公司财务信息披露质量

证券分析师对上市公司的关注度也会受到上市公司信息披露程度与信息披露质量的影响。朗和伦德霍尔姆（Lang & Lundholm，1996）实证分析上市公司信息披露行为与证券分析师关注行为和证券分析师盈余预测行为的关系，研究认为，一方面，上市公司信息披露行为满足了证券分析师信息获取的需求，另一方面，上市公司信息披露机制的完善降低了证券分析师搜集信息的成本。实证结果发现，信息披露程度高的公司，证券分析师的关注度越高，证券分析师盈余预测的准确性也越高。朗等（Lang et al.，2003）分析认为，由于各国披露机制的差异，促使跨国上市公司披露的信息更为充分，进而会受到更多证券分析师的关注。卜世曼等（Bushman et al.，2004）研究发现，上市公司的信息披露质量以及中小投资者的保护程度与分析师关注程度正相关。另外，相关文献也发现，上市公司信息披露政策越完善，信息越透明，盈余质量越好的公司，越受到证券分析师的高度关注，反之，则证券分析师关注程度越低（白晓宇，2009；范宗辉、王静静，2010；Lobo et al.，2012）。

3.1.1.3　上市公司特质信息信号传递需求

当上市公司有特殊信息需要向资本市场传递时，特质信息的存在会促使管理层主动吸引证券分析师的关注，通过证券分析师将好消息或特质信息传递给市场，进而推动公司股价。布伦南和休斯（Brennan & Hughes，1991）研究股票分割这一特质信息对证券分析师跟踪的影响，实证结果表明，上市公司股票分割程度与证券分析师关注即证券分析师跟踪人数正相关。巴斯等（Barth et al.，2001）发现，上市公司无形资产占总资产比重与证券分析师跟踪人数正相关，具体而言，当上市公司相对于同行业竞争对手具有更多的研发和广告支出时，证券分析师跟踪人数也越多。周泽将和杜兴强（2012）研究发现，新闻发言人作为上市公司信息披露的重要渠道，在保护各方参与人的知情权、提升上市公司信息披露透明度等方面发挥着重要作用，能够显著提升证券分析师对上市公司的关注程度，即证券分析师跟踪的频率和人数显著增加。崔玉英等（2014）发现，在中国资本市场上，证券分析师会根据上市公司前期的盈余波动状况和公司的长期成长性来决定是否跟踪该上市公司，即证券分析师关注与公司成长性、前期盈余波动性存在正向关系。李建强（2015）发现，上市公司高管变更事件会引起证券分析师的关注，证券分析师更倾向于关注业绩好的上市公司高管变更以及高管变更后业绩好转的上市公司。

3.1.2 证券分析师关注的经济后果

证券分析师关注的经济后果即证券分析师关注的有效性是指证券分析师作为资本市场上的信息中介，对上市公司信息传递的效率性。斯金纳（Skinner，1990）研究指出，当证券分析师对上市公司的关注度提升，即跟踪上市公司的证券分析师人数增多时，作为上市公司和资本市场的信息中介，证券分析师不仅要搜集宏观经济信息、行业信息，同时还会重点关注上市公司的特质信息，以此为基础，证券分析师对这些信息进行加工、分析、解读与传递，进而降低了上市公司与资本市场的信息不对称性，促进了金融资源的优化配置，提升了资本市场的运行效率。金姆和施罗德（Kim & Schroeder，1990）发现，随着跟踪上市公司证券分析师人数的增加，上市公司更多的信息会被不断挖掘出来，进而降低了上市公司与投资者之间的信息不对称性。布伦南和苏布拉马尼亚姆（Brennan & Subrahmanyam，1995）利用美国股票市场日交易数据，实证研究发现，跟踪上市公司的证券分析师人数的增加，能够显著降低资本市场中的逆向选择成本。权（Kwon，2002）同样发现，更高的证券分析师关注能够扩大上市公司披露的信息量，从而降低投资者、证券分析师和企业之间的信息不对称。罗尔斯登（Roulstone，2003）通过考察证券分析师特征与市场流动性之间的关系，发现证券分析师能够提供公共信息，随着证券分析师跟踪人数的上升，股票市场的流动性也随之提高，这表明证券分析师关注确实能提升资本市场的信息含量。彼得罗夫斯基和罗尔斯登（Piotroski & Roulstone，2004）也发现，随着证券分析师关注的提升，股票价格对行业信息的反映有所提升。常和哈米德（Chan & Hameed，2006）进一步发现，证券分析师关注即证券分析师跟踪人数与股价同步性呈正相关关系。同时还有实证研究发现，证券分析师关注的提升，有助于提升上市公司信息透明度，发现影响股票价格的特质信息，优化上市公司投融资决策，提升资本市场效率（朱红军等，2007；姜超，2013；Derrien & Kecskés，2013，李春涛等，2013）。

徐欣和唐清泉（2010）认为，证券分析师关注能够为上市公司的研发活动提供信息，有利于资本市场对上市公司研发活动价值的认同。还有相关研究发现，在中国资本市场上，证券分析师担当两种角色，即信息竞争和信息补充，即在上市公司盈余公告之前倾向于披露年报中尚未披露的信息，在上市公司盈余公告披露后倾向于解读年报中的信息并加以补充（薛祖云、王冲，2011）。陈露兰和王显升（2014）研究发现，企业社会责任信息的披露会提升证券分析师对上市公司的关注度，同时，证券分析师关注，有助于资本市场了解上市公司社会责任信息的价值。

3.2 证券分析师盈余预测

3.2.1 证券分析师盈余预测特征

证券分析师盈余预测特征的研究主要围绕盈余预测行为是否有效展开，证券分析师盈余预测有效性从公司层面主要研究证券分析师对上市公司的盈余预测是否准确，从资本市场层面主要研究证券分析师盈余预测是否提升了资本市场的信息含量。

3.2.1.1 证券分析师盈余预测准确性

对于证券分析师盈余预测准确性的衡量标准，实证文献做了如下探索。科瑞非德和托马斯（Crichfield & Thomas，1978）提出，将证券分析师的盈余预测结果与其他相关预测模型结果进行对比。可莱蒙特（Clement，1999）和布特勒（Butler，1991）采用特定证券分析师盈余预测误差与所有证券分析师盈余预测误差均值或中位数对比的方法。布特勒和撒拉古罗（Butler & Saraglu，1999）将证券分析师前后两次或者多次发布的盈余预测值进行比较，即对比盈余预测初始值与修正值之间的差异。也有文献研究发现，时间序列预测模型的分析结果要比证券分析师盈余预测结果的准确度更高（Cragg & Malkiel，1968），但柯林斯和霍普伍德（Collins & Hopwood，1980）则通过对比分析证券分析师盈余预测结果和一阶时间序列预测模型的预测结果，检验发现，证券分析师盈余预测结果优于一阶时间序列模型，其原因在于证券分析师应对突发事件的能力较强。布朗和罗哲夫（Brown & Rozeff，1987）的研究也发现，证券分析师的盈余预测更具有价值相关性，这是因为证券分析师在进行盈余预测时，不仅参考上市公司的历史盈余数据，同时还要根据预测窗口期中发布的各种消息和发生的事件对模型进行必要、及时调整，进而能够获取信息优势，将信息充分反映到预测模型和预测结果中，具备动态调整的特性。

3.2.1.2 证券分析师盈余预测的信息含量

对于证券分析师盈余预测的信息含量，现有文献存在争议。部分学者认为，证券分析师的盈余预测信息具有信息含量（Givoly & Lakonishok，1979；Frankel et al.，2006），而部分研究认为，证券分析师在进行盈余预测没有充分利用上市公司股价中所包含的信息（Lys &

Sohn，1990；Abarbanell，1991），这导致了投资者无法及时吸收证券分析师盈余预测的信息含量，进而对盈余预测或盈余预测修正产生了漂移（Zhang，2008；朱红军等，2008；Abarbanell & Bernard，2012）。郭杰和洪洁瑛（2009）研究了中国资本市场上证券分析师盈余预测行为的信息含量，发现不论证券分析师的盈余预测比市场共识更乐观或悲观，他们的盈余预测均无信息含量，对市场而言是无效的。

3.2.2　证券分析师盈余预测的影响因素

影响证券分析师盈余预测有效性的因素主要有四个方面：即上市公司特质信息、宏观经济环境因素、预测时间因素以及证券分析师个人特质因素等。本部分主要通过此分类进行文献综述。

3.2.2.1　上市公司特质信息

上市公司规模是影响证券分析师盈余预测的重要因素（O'Brien，1990；Lang et al.，1996；Brown，1997；Hope，2003），研究发现，由于资产规模大的上市公司成长性较低，盈余波动性较小，且信息披露机制完善、信息透明度较高，证券分析师能够获取的信息较多，进而证券分析师盈余预测误差与被预测上市公司的资产规模存在反向关系。但也有相关研究结论与上述结论不一致，比如，克罗斯等（Kross et al.，1990）实证结果表明，证券分析师盈余预测的准确度与上市公司资产规模并无显著相关性，而石桂峰（2007）以中国 A 股上市公司数据实证发现，与资产规模小的上市公司相比，证券分析师对规模大的公司的盈余预测准确度更低。

影响证券分析师盈余预测的因素还包括上市公司信息披露质量。在证券市场上，证券分析师进行盈余预测所依赖的信息主要包括公共信息和私有信息两种。前者因获得成本较低而成为盈余预测最为重要的信息源（Sehipper，1996）。研究发现，上市公司的定期公告（如财务年报）、临时性公告（如高管变更）和公司管理层盈余预测信息等都是证券分析师的重要信息来源渠道，盈余预测的有效性与上市公司信息披露的程度、及时性以及相关性呈正相关关系（盛昭瀚，2008）。上市公司信息披露质量的提升不仅可以扩大公共信息的获得范围与渠道，同时还能够提升证券分析师获取的私有信息的质量，进而有助于促进盈余预测的准确度（Byard，2003）。而相关研究分别以不同年度、不同市场的上市样本数据检验发现，证券分析师盈余预测有效性与上市公司信息披露质量存在正向关系，这一结论具有普适性（Lang et al.，1996；Dowen，2002；石桂峰，2007）。方军雄和洪剑峭（2007）进一步发现，上市公司信息披露状况与证券分析师对财务数据的依赖程度存在替代关系，信息披露程度的提升会弱化证券分析师对财务数据的依赖，同时还能提升盈余预测的准确度，这主要是因为私有信息获取难度与获取成本过大而促使证券分析师更倾向于利用公共信息。

上市公司会计盈余特征也会影响证券分析师盈余预测有效性，道恩（Dowen，1996）发现，亏损企业的盈余预测难度较高，由于亏损企业未来的发展存在较强的不确定性，因而预测准确程度较低。黄（Hwang，1996）和昂等（Ang et al.，2011）的研究也支持这一结论。上市公司盈余状况的改变也会影响证券分析师盈余预测的误差，相关研究发现，上市公司经营业绩的波动性增加会使证券分析师盈余预测误差的增加（Kross，1990；Das，1998）。丹尼尔（Daniel，1998）发现，当上市公司经营业绩下滑时，证券分析师会高估其盈利能力，导致预测准确度下降。相关研究对亚太地区资本市场国别研究结果发现，当上市公司利润下滑甚至亏损时，证券分析师盈余预测的难度就会提升，进而导致盈余预测误差增加（Coen et al.，2005）。相关研究发现，上市公司盈余的可预测性也会影响证券分析师的盈余预测行为，布特勒等（Butler et al.，1991）根据上市公司盈利的可预测性，将样本进行分组，实证结果发现，与盈利可预测性较差的公司相比，证券分析师对盈余可预测性强的公司的盈余预测准确性高。相关研究关注注册会计师审计质量与证券分析师盈余预测有效性的关系，研究发现，审计质量与证券分析师盈余预测准确度正相关；审计质量越高，财务报告信息质量越好，盈余空间越小，进而证券分析师盈余预测越准确（Bruce et al.，2008）。

上市公司被证券分析师的关注度也是影响盈余预测准确度的重要变量。一般而言，关注、跟踪与分析一家上市公司的证券分析师越多，发布的研究报告所包含的信息也就越多，盈余预测将更为准确。布尚（Bhushan，1989）认为，一家上市公司的关注度越高，说明资本市场投资者对上市公司的信息需求越大，同时更多的证券分析师整理发布信息，更容易提升信息的披露程度；另外，多名证券分析师跟踪同一家上市公司，会导致证券分析师之间产生激烈的竞争关系，这种竞争关系会导致证券分析师更为谨慎、更为精准地进行预测活动，否则会影响其声誉价值（Coen et al.，2005）。有研究发现，证券分析师盈余预测行为在上市公司年报发布前后的作用存在差异，在上市公司年报发布前，证券分析师盈余预测与上市公司年度信息披露存在信息竞争关系，而在上市公司年报发布后，证券分析师盈余预测则与上市公司年度信息披露存在互补关系（薛祖云、王冲，2011）。也有研究从羊群效应角度研究证券分析师关注对盈余预测准确度的影响，研究发现，证券分析师越领先于其他证券分析师发布的预测报告，其预测准确性就越高，但证券分析师关注公司的数量会削弱这一关系（董大勇，2012）。

上市公司所处行业特征也会影响证券分析师盈余预测有效性，一般而言，如果一个行业处于稳定发展时期，则该行业上市公司盈余预测难度较小，而如果一个行业受外部因素影响较大，行业发展波动性较大，则预测难度就大。帕兹（Patz，1989）发现，重工业公司的盈余预测难度要大于消费品行业。相关研究以欧洲各国资本市场上市公司样本数据为基础，研究发现，证券分析师对诸如公共事业、医疗行业等发展稳定性强的行业上市公司盈余预测准确度明显高于交通运输、耐用消费品等波动性较大行业上市公司的盈余预测（Capstaff et al.，2001）。

同时，还有相关研究发现，上市公司如下特质信息与证券分析师盈余预测相关。格斯（Goss，1993）研究发现，上市公司管理层持股比例越高，证券分析师盈余预测更为准确。郑亚丽和蔡祥（2008）发现，上市公司机构持股比例与证券分析师盈余预测有效性正相关。李冬昕等（2009）发现，证券分析师与被预测公司的地理距离呈反向关系，即证券分析师所在地与被预测公司所在地距离越远，证券分析师所能获取的信息就越少，真实性越低，证券分析师盈余预测偏差就越大，二者距离越近，能够获取的信息越多，真实性越强，证券分析师预测偏差就越小。

3.2.2.2　宏观经济环境因素

证券分析师盈余预测与宏观经济环境相关性较大。相关研究利用美国证券市场 1985～1997 年样本数据，研究发现，以 1993 年为分水岭，1993 年之前，证券分析师盈余预测精准度低于 1993 年之后的预测精准度，主要原因在于 1993 年之后美国宏观经济好转，与证券分析师的乐观性倾向更为匹配，从而降低了预测偏差（Chopra，1989）。宏观经济增长速度、国家竞争力指数以及二级市场表现，均会对证券分析师盈余预测精准度产生影响，研究发现，经济增长速度越高，国家竞争力越强、二级市场表现越好，证券分析师盈余预测精准度越高（Allen，1999；Black & Carnes，2006；戚佳，2011）。

3.2.2.3　预测时间因素

埃尔顿等（Elton et al.，1984）发现，证券分析师在前四个月预测值差异较大。也有经验证据表明，证券分析师盈余预测误差与预测窗口期的长度有关，预测时间距上市公司发布时间间隔越长，其预测误差越大（Dreman & Berry，1995）。预测时间也会对不同样本上市公司预测精准度产生影响，经验研究发现，相对于非标普 500 而言，预测窗口期对标普 500 上市公司的盈余预测影响较小（Brown，1997）。

3.2.2.4　证券分析师个人特质因素

证券分析师个人特质因素，如证券分析师的从业经验、行为方式以及信息来源、证券分析师教育背景等，均会对证券分析师盈余预测产生重要影响。

可莱蒙特（Clement，1990）、胡奕明、林文雄（2005）和埃梅卡等（Garcia - Meca et al.，2006）研究发现，证券分析师的从业经验由一般经验和特殊经验两部分组成，一般经验如数据分析能力通过长期练习即可提高，而特殊经验如对行业走势的判断力、对公司商业模式的洞察等，则需要建立在对公司运营的观察以及和公司高管的长期沟通的基础之上，虽然这两种经验的提升均能提高证券分析师盈余预测的精准度，但两种经验对证券分析师盈余预测精准度的影响不同，相对于一般经验，证券分析师的特殊经验对预测精准度的正向影响更大。也有研究发现，与经常变化关注和跟踪对象的证券分析师而言，长期跟踪同一家上市公司的证券分析师的经验对盈余预测准确度的影响更大（Michael，2003）。

证券分析师所属证券公司的规模对盈余预测准确度是否存在影响，相关研究未有一致性结论。林等（Lin et al.，1998）发现，大券商的证券分析师的盈余预测乐观性倾向更为严重，主要是因为大券商与上市公司之间存在承销关系。而也有研究认为，券商规模有助于提升证券分析师盈余预测的准确性，因为大券商声誉好，能够获得的信息资源更多（Jacob，1999）。

证券分析师的身份即买方分析师、卖方分析师或独立分析师的身份也会对其盈余预测产生影响。林等（Lin et al.，1998）研究发现，当证券分析师与被预测上市公司存在承销关系时，即分析师是卖方分析师时，盈余预测乐观性更强。麦凯里（Michaely，1999）实证研究支持以上结论。雅戈等（Jacob et al.，2003）研究发现，卖方分析师的盈余预测准确度高于独立分析师。也有研究发现，与未承担承销业务的证券公司分析师相比，承担承销业务的证券公司的上市公司更为激进（原红旗、黄倩茹，2007）。

证券分析师的薪酬以及业绩因素也会影响盈余预测质量，克拉克（Clarke，2005）认为，证券分析师的工作能力与其市场声誉共同影响证券分析师的薪酬结构，历史业绩较差的证券分析师面临的失业风险较大，因此，其盈余预测的激进型更强，进一步的经验证据也表明证券分析师的历史业绩与其激进程度呈"U"型关系。

证券分析师信息来源渠道的差异性也是影响其盈余预测精准度的关键隐私。相关研究发现，不同的分析师对相关信息来源渠道的重视和利用程度不同，与预测能力一般的证券分析师相比，盈余预测能力强的证券分析师更注重对上市公司内部非财务信息如公司战略、公司管理层讨论等信息的获取，而能力一般的证券分析师则多把关注点放在上市公司所披露的财务信息上（McEwen，1999）。克拉克发现，与其他信息获取方式相比，调研方式更能提升证券分析师盈余预测报告的质量。国内文献研究发现，中国内地证券分析师过度关注上市公司财务信息的披露，其信息获取渠道也局限于公开信息，而不挖掘上市公司内部治理信息以及注册会计师审计信息，这导致其信息获取渠道较窄，信息分析与盈余预测能力较弱（胡奕明，2003）。

也有相关文献研究比较了不同的国家证券分析师盈余预测精准性的差异。不同国家的证券分析师的行为方式存在差异，美国证券分析师通常会在盈余预测研究报告中声明证券分析师与报告用户之间的利益冲突，中国证券分析师通常不会发表类似的声明；美国证券分析师对研究报告中的模型选择、数据来源和预测过程提供了详细的解释和说明，而中国证券分析师的研究报告很少显示数据来源和预测方法；美国证券分析师更关注经营现金流量的预测，而国内分析师则更少关注经营现金流量的预测；美国证券分析师只是从基本面角度预测上市公司的价格变动，而国内证券分析师则更侧重于技术分析（饶艳超、胡奕明，2004）。也有文献发现，与国内证券分析师相比，海外证券分析师更愿意选择业绩好、风险低的上市公司进行跟踪预测，重要的参考指标包括上市公司的资产规模、利润增长率、资产负债率和股本回报率，同时海外证券分析师也特别关注公司治理结构和治理水平较高的公司。

3.3 证券分析师决策行为研究

对证券分析师盈余预测的决策行为的研究主要集中于证券分析师乐观性研究、羊群效应研究以及决策机制方面的研究。本部分从这三个方面展开综述。

3.3.1 证券分析师乐观性研究

大量实证研究结果表明，证券分析师盈余预测报告普遍存在乐观性偏差。理查森等（Richardson et al.，1999）发现，证券分析师预测日期到年报公告日的时间间隔长短能够影响其盈余预测精准度，窗口期长度与证券分析师盈余预测准确性呈负相关关系，与证券分析师盈余预测乐观偏差呈正相关关系。洪等（Hong et al.，2000）利用经验数据分析证券分析师声誉羊群模型，实证结果发现，证券分析师的经验与其盈余预测乐观性偏差呈正相关关系，即与经验不足的证券分析师相比，经验丰富的证券分析师更容易产生乐观性偏差。吴东辉和薛祖云（2005）研究发现，证券分析师盈余预测整体存在乐观性倾向，尤其是对亏损企业的预测，乐观性倾向更为严重。阿仕顿和西安西（Ashton & Cianci，2007）研究发现，与买方分析师相比，卖方分析师由于其所处的复杂信息环境导致其盈余预测的乐观性倾向更为严重，并且时间窗口长度与客观性偏差呈正相关关系。伍燕然等（2012）通过建立投资者情绪指数研究发现，投资者情绪以及噪声交易的存在均会影响证券分析师盈余预测，同时发现中国资本市场上证券分析师盈余预测存在系统性偏差。

证券分析师的乐观性偏差会导致一定的经济后果，永奎斯特等（Ljungqvist et al.，2007）研究发现，当证券分析师盈余预测存在乐观偏差时，其所在券商的交易量会增加，同时研究还发现，证券公司的经纪业务会导致证券分析师的盈余预测压力，证券分析师为提高自身收入，会因经纪业务的利益诱导而增大盈余预测的乐观性偏差，这会进一步导致投资者的投资决策存在偏向性。斯科特罗和霍尔（Costello & Hall，2010）研究发现，基金经理的决策并不完全依赖证券分析师的投资评价，但基金调仓行为与证券分析师的一致性评价方向却存在一致性。福斯等（Firth et al.，2011）发现，证券分析师会对自身客户的基金提供乐观性较高的研究报告。布朗等（Brown et al.，2013）研究发现，证券分析师评级变动会导致基金出现羊群效应，这种影响会导致股价预测更为困难。

从国内研究看，金雪军和蔡健琦（2003）研究认为，证券分析师盈余预测在对上市公司管理层、投资者决策产生影响的同时，还会导致管理层与投资者的交互作用，从而对股票市场的有效性产生影响。杨大楷等（2011）采用上市 A 股证券分析师投资评级和股票收益率数据实证研究发现，正面的投资评级、证券分析师声誉均和股票短期超额收益呈正相关关系。许年行等（2012）实证研究表明，证券分析师预测行为的乐观性倾向存在，导致未来公司股价崩盘的风险，二者之间存在显著的正相关关系，而且与熊市期间相比，牛市期间二者关系更为显著。李春涛等（2013）研究发现，由于证券分析师通过不断跟踪和修改盈余预测结果，其发布的研究报告的准确性越高，能够提高上市公司的信息披露程度。廖明情和刘欢（2014）研究发现，卖方分析师盈余预测和评级会影响投资者，短期内超额收益与卖方分析师预测评级呈正相关关系，而与买方分析师预测评级无关；长期内超额回报与买方分析师预测评级呈正相关关系，而与卖方分析师无关。

3.3.2　羊群效应研究

与证券分析师盈余预测羊群效应相关的研究主要集中在羊群效应成因、存在性检验以及影响因素三个方面。

对于羊群效应的成因，格雷厄姆（Graham，1999）利用贝叶斯规则序列方法研究发现，当公共信息和私人信息出现较大的不一致性时，发生羊群行为的可能性较大。鲁直、阎海峰（2001）发现，赌徒心态、获利心理、个体特征、公共舆论、市场主力以及信息不对称等都会对是否产生羊群行为有重要影响。洪和库比克（Hong & Kubik，2003）分析认为，更为准确的预测表明证券分析师能力更强，职业前景更好，因此，为了维护在行业的声誉和为职业生涯考虑，证券分析师比普通投资者具有更强的羊群行为。司皮沃克（Spiwoks，2008）认为，职业声誉是产生羊群效应的重要原因之一，研究发现，如果证券分析师发布的投资决策报告有别于其他证券分析师的投资决策报告时，一旦出现差错，就会对其声誉造成重大影响，但如果证券分析师选择与其他证券分析师发布一致的报告，即便出现预测失误，亦可将失误归因于市场，与证券分析师能力无关，因此，证券分析师决策容易产生羊群效应。

对于证券分析师盈余预测羊群效应的存在性研究，宋军、吴冲锋（2003）研究发现，股票历史收益率、证券分析师的个人能力、证券分析师声誉均会影响证券分析师决策，并容易产生羊群行为，并且这一行为是非理性的。可莱蒙特和茨（Clement & Tse，2005）研究证券分析师个性特征与羊群效应的关系，研究发现，激进的盈余预测更多结合了证券分析师的个人判断和个人能力，更容易引发羊群效应。童玉媛、张荣（2005）研究发现，率先做盈余预测的证券分析师的能力越强，越容易导致羊群效应；之后进行预测的证券分析师能力越弱，越容易发生羊群行为。蔡庆丰等（2011）对中国资本市场证券分析师研究发现，我国证券分析师在进行评级调整时，存在显著的羊群效应。姚禄仕等

（2013）研究表明，证券分析师盈余预测存在羊群效应，且羊群效应行为和机构投资者的持股信息存在显著的负相关性。孙东梅等（2014）采用中国证券市场上市公司样本数据分析发现，证券分析师在盈余预测中存在着羊群行为，同时羊群行为程度和盈余预测的精准度呈反向关系。

3.3.3 证券分析师决策机制

对于证券分析师决策机制的研究主要集中在研究报告的时间选择和研究报告方式的选择两个方面。在报告时间选择方面，哈赛尔和杰明斯（Hassell & Jermings，1986）研究了上市公司管理层预测和证券分析师预测报告之间的时间选择和预测准确性问题，研究发现，上市公司管理层预测跟随证券分析师报告，在分析师预测前四周，管理层的准确性比证券分析师更高，证券分析师预测只有在管理层预测九周后比上市公司管理层预测更准确。斯迪克尔（Stickel，1989）研究上市公司中期财务报告披露前后证券分析师盈余预测报告的时间选择和动机，实证发现，证券分析师在中期公告前两周内避免发布盈余修正报告，在中期报告公布后才发布盈余修正报告。杰加迪斯（Jegadeesh，2004）对证券分析师预测和股票推荐修正的时间及其投资价值研究发现，上市公司盈余公告后一周修正盈余预测，修正的信息内容会随着时间缓慢增加。在盈余公告前的一周内，预测和评级的向上修正的信息含量有一个跳跃性的上涨，但是对于向下修正的预测和评级没有发现类似的结论。陈等（Chen et al.，2006）分析证券分析师报告和上市公司披露之间的关系，发现在上市公司盈余公告前一周和后一周，信息发现或解读占据主要地位；同时，证券分析师信息解读功能随着财务信息难度增加而增大；通过对上市公司盈余公告前后数据分析显示，证券分析师信息发现功能整体上居于主要地位。丽芙纳特（Livnat，2012）从证券分析师的信息解读与信息发掘角度考察证券分析师的时间选择行为和经济后果，研究显示，投资者更关注对公开信息解读能力强的分析师的盈余预测报告。

3.4　本 章 小 结

　　鉴于证券分析师对于资本市场的重要意义，相关证券分析师的研究受到了国内外诸多学者的关注。盈余预测，作为证券分析师的主要职能之一，也是其他职能的基础，在证券分析师的相关研究中占据了极其重要的地位。本章主要从证券分析师跟踪行为、证券分析师盈余预测行为以及证券分析师决策过程三个方面进行相关文献综述，为本书的理论分析以及实证研究奠定了文献研究基础。

　　证券分析师跟踪行为，即证券分析师对上市公司的关注度，是证券分析师盈余预测的基础，文献综述主要从影响证券分析师关注的因素以及证券分析师关注的有效性两个方面展开综述；证券分析师盈余预测是证券分析师的主要职能，现有研究主要集中于盈余预测的有效性标准以及影响盈余预测的因素方面的研究，证券分析师分析决策行为主要集中于证券分析师的乐观性、羊群效应以及决策机制的研究。这些文献虽然涉及面广泛且深入细致，但是缺乏对证券分析师盈余预测有效性内在机制的系统性研究，基于此，本书一方面通过理论分析，认为盈余持续性是影响证券分析师盈余预测有效性的关键性因素，同时，还受到其他相关因素的影响；另一方面，通过上市公司样本数据实证检验本书假设，为理论分析提供经验证据。

第 4 章

理论分析与假设提出

本章在前两章对证券分析师行业发展分析以及证券分析师盈余预测相关研究进行文献综述的基础上，进一步全面总结证券分析师盈余预测所涉及信息不对称理论、有效市场假说以及行为金融理论，对本书研究所涉及的理论进行分析，归纳其研究发展脉络、主要思想观点及其对证券分析师盈余预测领域的应用。并以此为据，提出本书的相关研究假设。

4.1 信息不对称理论

4.1.1 信息不对称理论概述

新古典经济学理论的基本假设之一是"完全信息"，即在完全竞争市场环境下，参与交易的市场双方均能够无代价、无成本地获取有关此项交易的所有信息，在此条件下，市场交易双方的地位是完全对等的，即信息是对称的。完全信息假设作为新古典经济学理论的基本假设，奠定了新古典经济学发展的基础。

随着研究的深入与发展，新古典经济学的完全信息假设受到质疑，研究发现，在市场经济制度环境下，市场交易参与方获得的信息是不充分、不均匀和不对称的，而这样的信息会导致市场机制的有效发挥，甚至出现市场失灵现象。斯蒂格勒（Stigler，1961）认为，如果市场参与主体无法获取与决策相关的所有信息，则即处于信息不对称状态。信息不对称主要包括信息内涵的不对称性和信息时间的不对称性。信息内涵的不对称主要是指交易双方所获取的信息存在不对称性，由于市场交易双方市场地位不同等原因的影响，所导致交易双方在获取信息的渠道、获取信息成本等方面存在不对称，最终双方获取信息的数量和质量存在不对称。信息时间的不对称性主要存在两种情况，即信息的事前不对称性和信息的事后不对称性。信息的事前不对称性是指在市场交易双方达成一致意向之前，一方无法判断隐藏行动的一方所要采取的行动，进而在交易协议中无法将这些行动进行约束，即存在道德风险；信息的事后不对称性是指市场交易主体在达成一致意向之后，一方无法获取另一方已知的信息，进而导致逆向选择。

4.1.2　信息不对称理论与证券分析师行业功能定位

资本市场是市场经济发展到一定阶段的产物，其主要目的是解决资本的供求矛盾问题。资本市场的主要功能是提供投融资服务，为投资者提供各种投资渠道，为融资者提供所需发展资金。对于资本市场上的交易双方而言，信息有着极其重要的作用，由于有价证券的特殊性，一旦投融资双方或者资本市场参与方获取的信息不对称，极其有可能造成决策的失误和资源配置的低效率，甚至会对整个经济的发展趋势产生负面影响。这是因为资本市场不同于其他市场，资本市场尤其是证券市场，其产品作为一种特殊的商品，是资金和资本的载体和外化，而信息是影响资金和资本的价格形成的重要因素；另外，资本市场直接影响商品市场和劳动要素市场上资源的配置效率，关系着整个国民经济的活力。因此，证券市场如果出现严重的信息不对称或者存在严重的信息扭曲，必然会导致整个经济发展受到影响。

　　企业所有权、经营权的分离是资本市场产生的重要因素，而资本市场的发展，又进一步推动了企业所有权和经营权的分离。股份制和资本市场的出现和发展不仅加强了社会资本的集中和再分配的效率，而且也使现代公司从业主的控制权转向了经营者的控制权。因此，投资者与融资者、委托人与代理人之间的代理关系导致冲突和矛盾，不仅要求公司的内部治理机制来协调所有者和经理人的利益，而且还要设计一个有效的机制让投资者确信这个机制的主要作用是能够在一定程度上解决信息不对称问题，合理引导投资者进行合理投资。

　　对于上市公司的内部而言，需要不断完善公司治理结构和构建信息披露制度，能够保证公司的财务、非财务信息做到充分、有效的披露，以满足资本市场上投资者和其他利益相关方的决策信息需求。但是，从上市公司外部而言，同样需要一个独立于上市公司和投资者的第三方承担信息搜集、整理、加工、分析与传递的功能，以满足投资者和其他参与方的决策需求，提升资源配置效率。故而，资本市场客观需要证券分析师承担信息搜集、加工、分析、传递的功能，一方面，证券分析师有更多的信息获取渠道和获取方式，另一方面，证券分析师有较为丰富的证券从业经验，财务分析、数据分析以及信息解读能力较强，这有助于提升投资者投资决策的科学性与合理性，进一步能够有效降低资本市场信息不对称性。因此，证券分析师这一职业与行业的产生，是证券市场高度发展的必然产物，其存在的根本目的在于降低资本市场的信息不对称性，提升投资决策的科学性与效率性。

4.2　有效市场假说

4.2.1　有效市场假说概述

　　有效市场假说（EMH）是现代资本市场理论体系的重要支柱之一，

该假说认为，证券价格可以反映证券市场上的所有有用信息，如果股价能够及时、全面、准确地吸收和反映所有相关信息，投资者就不能通过所拥有的信息获得超额收益，市场是有效的（Fama，1970）。有效市场假说是对市场反应效率，证券价格对影响价格的各种信息的反应速度和程度的一种解释。法马（Fama，1970）根据资产定价相关信息的不同范围，将有效市场假说分为弱式有效性、半强式有效性和强式有效性市场三种形态。

4.2.1.1 弱式有效性（weak form）

弱式有效性是最低层次的市场有效性，在弱式有效性市场下，资产价格能够充分及时地反映所有与其相关的历史信息，如历史资产价格水平、历史资产价格波动性、市场资金交易量、利率水平等。在弱式有效性市场条件下，对于所有投资者而言，无论依据任何分析工具，他们均无法通过历史信息获取超过市场收益的超额利润。这是因为包括股票在内的证券价格相关的所有信息和数据都是公开的、可以无偿获取的，所有信息使用者都可以对这些数据和信息进行分析并已经在证券价格里得到充分的反映，因此，这些信息反而失去价值。

4.2.1.2 半强式有效性（semi-strong form）

半强式有效性认为，资本市场上所有与资产定价相关的公开信息都已经反映在资产价格中。半强式有效性假说所指的信息不仅包括历史信息，同时还包括投资者通过官方或非官方渠道获取的上市公司年度财务报告、行业研究报告、宏观经济分析报告等，尤其是标的公司的产品生产状况、公司管理水平、公司收益预测等信息，如果所有的投资者均可以低成本或者免费获取此类信息，则资产价格将会充分、及时地反映这些信息。

4.2.1.3 强式有效性（strong form）

强式有效性是市场有效性的最高级别，强式有效性表明与标的资产定价有关的所有信息，无论是历史的、现在的还是未来的，无论是否公开，都已经全部及时反映了资产价格，也就是说，标的资产价格充分反映了所有的历史、当前和内部信息。强有效性是市场有效性的极端假设。如果资本市场处于强式有效状态，即使投资者获得内部信息，也不可能获得超额收益。

4.2.2 有效市场假说与证券分析师盈余预测

尽管以有效市场假说为基础构建起了现在金融学体系的大厦，但是在现实的金融市场中，无论何种有效性的资本市场，都无法找到资产价格完全等于资产价值的时点。这是因为资产价格向价值的调整是一个动态、反复的过程，价格向价值的回归也是一个在波动的过程中而非瞬间完成的。因此，必然会在某一时点上，与价值相关的信息没有完全通过价格得到体现，进而资本市场上的投资者才会有动机搜寻、整理并分析相关信息以获取超额收益，也即通过信息进行套利交易。所以说，套利交易是实现市场有效性的内在要求，在没有成本等其他条件约束的前提下，套利交易能够促使资产价格逐渐调整至反映与价值相关的所有信息。但是经验研究证据发现，在资本市场上，套利交易会因制度、信息、交易成本等因素的制约而受到限制，甚至根本无法实施套利交易。因此，即便理论上存在通过套利交易的可能性，且现实中确实存在资产价格与资产价值之间的偏离，但是由于无法无成本、无风险低实施套利交易，导致资产价格会在较长的一段时间内偏离资产价值，进而使资本市场在一定程度上处于低效率状态，无法实现金融资源优化配置的目的。因此，如何能够使资产价格及时、充分、准确地反映信息进而实现对资产价值的回归，对于提升市场有效性、提高金融资源配置效率有着非常重要的作用。

证券分析师作为第三方信息中介，对于实现资产价格向价值回归，提升市场有效性方面发挥着极其重要的作用。这是因为证券分析师与普通投资者相比，不仅能够通过各种途径获取不同类型的信息，同时，证券分析师专业能力强，具备较高的信息分析、解读和预测能力。第一，证券分析师拥有较为广泛的信息获取渠道，这些渠道不仅包括证券分析师利用其职业优势获取的非公开信息，同时还包括对公开信息加工后而产生的新信息。例如，证券分析师可以通过现场尽调，与上市公司治理层和管理层保持高效与长期的沟通，以获取公司尚未公开披露的信息或者治理层、管理层对公司未来发展的一些观点；证券分析师同样可以对同行业其他公司披露的相关信息进行整理、加工和分析，形成新的、可利用的信息。第二，相对而言，证券分析师比资本市场上普通投资者具有更强的信息解读能力。与普通投资者相比，证券分析师一方面具备丰富的会计、财务和金融领域的相关知识和技能，具备丰富的理论和投资实践，同时还能够结合宏观经济信息和中观行业信息对公司的信息进行深度分析、解读和预测，这是普通投资者所不具备的。

4.3　行为金融理论

4.3.1　行为金融理论概述

正如上节所言，现代金融理论的体系框架以有效市场假说为基石，以资本资产定价理论和现代资产组合理论为支柱，聚焦于理性经济人条件下的资产定价以及市场效率两大问题。本质而言，现代金融理论研究是新古典经济学在金融领域的应用，它是从理性经济人出发，以有效市场为研究参照，根据一般均衡原理，把金融投融资过程看作动态均衡过程，进而推导出资本市场的均衡模型。但是在现实的资本市场上，随着金融交易的不断创新与发展，大量的不符合现代金融理论的"异象"不断涌现，这些异象无法在现代金融理论的体系框架内得到合理的解释。于是，理论与实务界开始反思有效市场假说，并试图提出新的理论框架来分析和解读资本市场上的异象问题，其中，行为金融理论对异象的解释最为符合逻辑而日益受到理论界和实务界的关注。

行为金融理论系统地对现代金融理论体系的框架进行了深入分析，从人的有限理性较高分析和解读资本市场行为，充分考虑市场参与方的心理因素，为理解金融市场提供了新的视角。从研究主题来看，行为金融理论以期望理论为基础，结合行为学和心理学对投资者行为的研究，针对现代金融学的有效市场假说的三大假设提出了质疑，即有限理性或者非理性行为、投资者非理性行为发生的非随机性、套利行为的有条件性。针对这三个方面，行为金融理论的三大研究主题分别是有限理性个体、群体行为和非有效市场。

有限理性个体作为行为金融理论研究的第一个层次，侧重于分析投资者的个体行为，以及这种有限理性条件下普遍存在的个体行为偏差对群体和市场可能产生的影响。投资者群体行为主要聚焦于因投资者个体行为之间的相互影响而导致的群体行为或者市场整体表现的偏差。资本市场上投资者之间的行为相互影响、相互依存，投资者与资本市场的交易行为本质上是投资者之间的交易行为，投资者群体行为分析侧重于分析投资者行为相互制约条件下的群体行为，以及这种投资行为如何形成市场整体行为。对于非有效市场的研究，主要集中在对市场异象的解读以及对产生异象的深层次原因的系统、综合分析。相关行为金融研究发现，在理性交易者与非理性交易者并存而且互相影响的资本市场上，非理性行为对资产交易价格的影响是长期而深远的，这些非理性行为导致套利无法低成本、有效进行，从而导致资产价格对信息也即资产价值存在长期的偏离。

4.3.2　行为金融理论与证券分析师盈余预测行为

行为金融理论对证券分析师盈余预测行为的分析主要集中于三个方

面，即过度自信、反应不足或过度反应、羊群效应。

过度自信是行为金融理论的主要研究成果之一。过度自信是指资本市场参与方过度相信自己的分析判断能力，对自己所获得的相关信息赋予了高于事实的权重，进而造成决策偏差。资本市场的特质使得市场参与方更容易表现出过度自信倾向，投资者会因过度自信而导致交易更为频繁，而对于证券分析师而言，过度自信会导致证券分析师在盈余预测中盲目乐观，使其预测出现较大偏差。

反应不足或过度反应是指由于情绪或认知等心理因素导致市场参与者对信息表现出保守状态或者过度反应的状态，进而造成决策偏差的行为。反应不足主要是指市场参与方的思维惰性，对获取的最新消息采取保守状态，而不愿对既往的决策作出调整或者优化。对于证券分析师而言，由于其对资本市场有着比较深入的研究，同时从业经验也较为丰富，进而对自己的判断会更加自信，往往不乐意也不会轻易改变自己的决策，会对新消息反应不足。反应过度是指市场参与方对于某些信息给出更高的决策权重，从而导致过度反应。证券分析师作为非完全理性人，其在盈余预测的过程中也会出现反应过度的问题，例如，在出现重大利好消息的时候，证券分析师就有可能对重要利好消息赋予过高的决策权重，而轻易改变原来的决策，进而导致盈余预测出现重大偏差。

羊群效应也称为从众心理，从心理学角度而言，人们的行为方式容易受多数人的行为方式的影响，而并不独立思考事件内在含义。在资本市场上，信息纷繁庞杂，散户一方面无法及时获取最新的消息，另一方面缺乏专业的投资分析能力，故而无法对最新发生的事件或者信息做出正确的解读和判断，往往选择效仿他人的行为，做出投资决策。对于证券分析师而言，同样存在羊群效应。很多分析师往往依据其他证券公司或者其他证券分析师的盈余预测数据做出自己的决策判断，而非深入剖析事件本身对于标的资产或者公司的影响，这样势必会造成盈余预测的偏差。证券市场上的羊群效应，不仅会影响资本市场的稳定性，更有可能把这种行为和情绪扩展到整个金融市场，导致整个市场的波动性，甚至成为诱发金融危机的导火索。

4.4　相关假设提出

4.4.1　盈余持续性是证券分析师盈余预测的关键性因素

对于证券分析师盈余预测而言，盈余质量是指在仅仅利用历史盈余水平，不利用其他信息的条件下，证券分析师预测企业未来盈余的准确性程度。如果根据过去和现在的盈余水平预测未来盈余水平的有效性高，则我们认为盈余的质量好；否则，盈余的质量比较差。之所以如此，是因为在现实投资决策过程中，企业盈余信息所占的比重要远远大于其他信息。从理论上来讲，企业的价值是未来现金流（盈余）的折现，所以盈余在价值评估和价值变现中占据核心地位。从实践中来讲，投资者最为关心的财务会计数据即是企业每年、每季度披露的当期盈余水平。实际上，每到上市公司即将披露盈余信息的时候，证券分析师都给予充分的重要和紧密的跟踪。而企业股票价格的变化往往发生在盈余披露后以分钟计的很短时间内。错过了这个很短的时间窗口，投资者就有可能遭受重大投资损失。在这样变化迅速的情况下，投资者或证券分析师往往要在盈余披露后瞬间判断对企业价值的影响，因此，投资者和证券分析师在价值判断过程中很难综合太多的其他信息，而盈余信息是他们赖以投资决策的最为重要的信息，因此，盈余质量问题变得十分关键。

把盈余的持续性作为盈余质量衡量指标既有理论上的依据，也有现实的根据。从理论上来讲，统计学预测研究中有一个很重要的预测模型，即随机游走模型，当一个变量的时间序列符合随机游走模型时，其本期的水平是其下期水平的最优预测值。因此，预测值完全依赖该变量的数值就可以准确地预测其下一期数值。以美国上市公司的盈余数据为对象，一些会计学术研究结果表明，当考虑所有上市公司时，每股盈余基本上符合随机游走模型。所以证券分析师和投资者可以根据企业现在的盈余水平来预测未来的盈余水平。

从现实意义来讲，我们人类在处理信息的过程中存在一定的局限性。我们处理复杂信息的能力很有限，尤其是在很短的时间内，比如，盈余披露之后的几分钟内。因此，我们往往从复杂的信息中抽取比较简单的、明显的信息作为我们决策的基础，比如，从众多的会计信息中抽取盈余信息来。这样的结果是投资者的投资过程"功能锁定"在盈余信息上，而忽略了其他信息对投资决策的影响。在这种情况下，即使盈余质量可以包含其他方面的特征，持续性也必然成为证券分析师和投资者最依赖的盈余特征。总之，盈余质量是证券分析师和投资者投资决策中一个最为关键的因素，而盈余持续性是盈余质量最重要的方面。

4.4.2 公司产权性质、盈余持续性与证券分析师预测的传导

激励和约束功能是产权的本质功能，且激励和约束功能的发挥会受到产权性质及其明确程度的影响。如果产权归属明确，则因产权获益而发生的成本只由产权所有者承担，则不存在外部性影响，这样能够促进资源的有效利用和实现帕累托最优。同时，产权明晰程度的不同，也会影响产权激励和约束功能的发挥。这一点在国有产权与非国有产权方面表现得尤为明显。

虽然国有企业的产权归国家所有，但是从实践来看，国家委托相关政府部门或者聘用管理层对上市公司进行监督和管理，而相关政府部门和企业管理层并非上市公司的实际控制人，对企业资源的使用、配置以及成果的分配并不具备完全的权能，因此，相关政府部门和企业管理层缺乏对公司进行监督和管理的动机与积极性，这就导致国有企业比非国有企业的代理问题更为突出，代理成本更大，增大了企业管理层实施机

会主义的概率，进而有损企业盈余目标的实现。同时，与非国有企业相比，国有企业的经营目标相对多元化，导致企业管理层与企业盈余绩效之间的因果关系存在不确定性和模糊性。另外，国有企业管理层对自身政治前途和职位升迁问题的关注，在代理问题严重的情况下，极有可能超过身为企业管理者对企业盈余目标所承担的责任的关注。综合以上因素，可以看出，由于产权不清晰所导致的代理链条过长和多元化目标的存在，致使国有企业管理层精力更为分散，同时激励和监督的难度加大，这导致企业管理层有动机对企业盈余持续性造成损害，同时，企业管理层为降低权力运营所代理的风险，管理层就有对企业盈余进行平滑的压力，继而导致企业盈余持续性下降。相对而言，非国有上市公司则不然，其实际控制人为其他非国有企业、家族或者个人，产权归属清晰、明确，控制人对上市公司的经营管理、监督及其严格，公司经营目标单一，经营的稳定性要好，进而企业的盈余持续性就较高。据此，提出假设 H1。

H1：在其他条件一定的情况下，与非国有产权的上市公司相比，国有产权上市公司的盈余持续性较差。

经验研究证据与本书分析均表明，盈余持续性是影响证券分析师决策的关键性，因此，盈余持续性越强，证券分析师盈余预测有效性越好。公司产权性质会对盈余持续性存在影响，即与非国有产权的上市公司相比，国有产权上市公司的盈余持续性较差，这是公司向资本市场传递的增量信息，即产权性质与盈余持续性的协同作用，这种协同作用会因产权性质的不同而存在差异，作为证券分析师，应该能够辨析产权性质对盈余持续性的影响，而据此更为合理地评价公司盈余的可信度，并将其应用于盈余预测过程中。据此，提出假设 H2。

H2.1：在其他条件一定的情况下，与非国有产权的上市公司相比，国有产权上市公司盈余持续性与证券分析师预测精准度之间的关系较弱。

H2.2：在其他条件一定的情况下，与非国有产权的上市公司相比，国有产权上市公司盈余持续性与证券分析师预测分歧度之间的关系较强。

4.4.3　公司治理水平、盈余持续性与证券分析师预测的传导

公司治理作为企业权利的制约与平衡机制和制度性安排，其功能是通过合理配置企业内部不同利益集团的权力、责任关系，以缓解代理问题，保证公司既定利益目标的有效实现。公司治理作为一种权力制衡与控制机制，一方面，对公司内部管理层提供的财务信息进行监督和验证，以确保公司对外披露信息的真实性与有效性；另一方面，治理机制的完善程度和治理水平，也会影响外部投资者和第三方中介对公司的评价，进而影响公司在资本市场中的表现。

合理、高效的公司治理结构能够有效提升财务信息披露质量，减少财务信息失真发生的概率。公司管理层作为公司实际经营主体，由于代理问题导致的信息不对称，其拥有更多的机会隐藏公司负面信息，而合理、高效的公司治理机制对于公司管理层的这种行为发挥着监督和约束作用。公司治理机制能够通过以下几个方面提升财务报告质量，以保证盈余信息的可靠性和持续性。首先，建立合理、高效的公司治理机制能够遏制公司管理层故意误报会计盈余的机会和动机。公司治理机制本质上是一种权力的监督与平衡机制，合理的公司治理机制能够确保公司管理层的权力在董事会和监事会的监督下运行，能够通过不相容职务分离、授权审批制度等一系列措施，加强对经营过程的监控，强化经营业务各环节的制衡，进而能够在最大可能程度上保证管理层误报或者瞒报会计盈余的机会和动机，并将其降到最小程度。其次，合理、有效的公司治理机制能够减少财务信息披露中随机的和非故意的差错和疏漏。公司治理机制其功能之一即是通过内嵌于其中的内部控制保证财务信息的真实可靠，治理机制完善、内部控制有效运转的公司会通过加强对员工专业知识的培训，提高员工的素质和能力，加强复核和审批措施，从而提高财务信息核算的准确性，以保证财务信息不存在非故意的重大错

报。最后，合理有效的公司治理机制有助于保证企业战略执行的有效性和业务开展的切实性，进而降低公司战略运营风险的概率，确保公司经营活动的稳健性。综上三个方面可以看出，合理、高效的公司治理机制能够保证上市公司盈余的持续性与稳定性，反之，若公司治理机制不完善，治理水平较低，则公司盈余持续性较差。这进一步损害了企业财务报告信息的可靠性与相关性，增加了上市公司信息环境的不确定性，致使财务报告信息预测价值的下降，故而，在证券分析师获取、分析信息能力一定的情况下，证券分析师盈余预测的困难性与复杂性将加大，导致盈余预测有效性降低。据此，提出假设 H3 和假设 H4。

H3：在其他条件一定的情况下，与治理水平较高的上市公司相比，治理水平较差的上市公司的盈余持续性较差。

H4.1：在其他条件一定的情况下，与治理水平较高的上市公司相比，治理水平较差的上市公司盈余持续性与证券分析师预测精准度之间的关系较弱。

H4.2：在其他条件一定的情况下，与非治理水平较高的上市公司相比，治理水平较差的上市公司盈余持续性与证券分析师预测分歧度之间的关系较强。

4.4.4 外部审计质量、盈余持续性与证券分析师预测的传导

注册会计师审计作为公司外部治理机制的重要组成部分，不仅对于遏制上市公司舞弊行为、保证上市公司财务信息披露质量有着至关重要的作用；同时，还有助于促使上市公司建立良好的信息披露机制，保证上市公司内部各项治理机制的良好运作，进而整体提升上市公司运行效率。注册会计师审计作用的发挥主要通过以下两个方面实现。

其一，注册会计师通过实施各项审计程序，评估上市公司财务报告重大错报风险，在审计过程中，注册会计师会发现上市公司财务报告存在的错报风险，并将这些问题与公司治理层、管理层进行沟通，敦促上

市公司对相应的会计处理进行必要的调整，使上市公司财务报告能够真实、公允地反映财务状况和盈利能力。

其二，在风险导向型审计模式下，注册会计师首先要对企业的战略、公司运营等方面的风险状况进行评估，同时也要对企业的内部控制的有效性进行测试，因此，在这一过程中，注册会计师能够发现上市公司是否存在重大的战略运营风险，能够发现上市公司是否存在内部治理结构上的缺陷，并就这些问题与公司治理层、管理层进行沟通，提出管理改善意见。因此，外部审计不仅能够保证上市公司财务信息披露的质量，同时还能提升公司治理能力。在这一条件下，审计质量越高，上市公司财务信息披露的充分性、真实性越能得到保证。

尽管有文献研究认为在中国资本市场上，国际"四大"并未提供高质量的审计服务（刘峰、周福源，2007），但越来越多的研究一致认为，随着中国资本市场对中小投资者保护力度的提升、资本市场监管的趋严以及会计师事务所"做大做强"战略的实施，国际"四大"的审计服务质量有了显著的提升（Chan & Wu，2011；宋衍蘅、肖星，2012）。本书认为，国际"四大"的品牌声誉更是其审计质量的重要体现。首先，与国内会计师事务所相比，国际"四大"在证券审计市场上是以品牌取胜，而非采取低价竞争战略。其次，国际"四大"审计客户较多，客源广，市场份额大，拥有主动定价权。最后，国际"四大"出于对声誉的维护，其执业谨慎性更强。因此，国际"四大"的审计质量整体而言要高于国内会计师事务所，财务报告信息质量相应较高，会计盈余持续性较好。同时，良好的外部审计监督为证券分析师进行盈余预测活动创造了较好的信息质量环境，增强了证券分析师盈余预测的有效性，而较差的审计质量则使证券分析师处于不确定性较强的信息质量环境中，进而增加了证券分析师盈余预测的难度。据此，提出假设 H5 和假设 H6。

H5：在其他条件一定的情况下，与采用非国际"四大"审计的上市公司相比，采用国际"四大"审计的上市公司的盈余持续性较好。

H6.1：在其他条件一定的情况下，与采用非国际"四大"审计的上市公司相比，采用国际"四大"审计的上市公司盈余持续性与证券分析师预测精准度之间的关系较强。

H6.2：在其他条件一定的情况下，与采用非国际"四大"审计的上市公司相比，采用国际"四大"审计的上市公司盈余持续性与证券分析师预测分歧度之间的关系较弱。

4.4.5　证券分析师关注、盈余持续性与证券分析师预测的传导

证券分析师具有公司治理功能，在资本市场上可以发挥外部监督的作用，可以监督和抑制上市公司管理层的机会主义行为（Jensen & Meckling，1976）。由于交易成本和代理问题的存在，资本市场并非完全有效的。证券分析师作为第三方信息中介，一方面，比普通投资者具备多渠道的信息优势；另一方面，证券分析师的存在促使上市公司能够及时、有效地披露信息，这样可以有效缓解上市公司与投资者之间的信息不对称问题，进而发挥监督作用。

证券分析师监督作用的发挥，主要体现在以下两个方面。第一，证券分析师拥有丰富的行业知识和投资经验，能够较为深入地解读企业复杂信息，从而发现企业存在的各种风险和问题，进而发挥监督作用。余（Yu，2008）研究发现，上市公司随着跟踪的证券分析师数量的增加，公司的盈余管理行为相应减少，证券分析师跟踪数目的减少会导致上市公司财务报告质量的下降。相关经验研究也发现，在中国资本市场上，证券分析师能够识别出具有财务风险和舞弊风险的公司，并通过投资评级向市场传递信息（袁春生等，2013）；同时，证券分析师跟踪能够有效降低企业盈余管理行为（李春涛等，2013）。第二，证券分析师在发布研究报告或进行盈余预测的同时，也扮演了信息披露的角色，能够增加上市公司信息透明度。有经验证据表明，当跟踪上市公司的分析师人

数减少的时候，公司的信息透明度会随之降低（Derrien & Kecskes，2013）。因此，证券分析师跟踪越多，证券分析师关注越高，上市公司信息披露质量越高，盈余持续性越高。同时，对上市公司而言，发布盈余预测的证券分析师越多，说明上市公司受证券分析师关注的程度越高，盈余预测中所包含的信息就越多，预测进而也较为准确，相关研究发现，证券分析师对上市公司的关注度越高，说明市场对该公司的信息需求越大，证券分析师能够获取的信息越多（Bhushan，1989）。另外，证券分析师关注的上升，也会加剧证券分析师之间的竞争，进而有助于提升盈余预测的有效性（Coen et al.，2005）。据此，提出假设 H7 和假设 H8。

H7：在其他条件一定的情况下，证券分析师关注越高，上市公司的盈余持续性较好。

H8.1：在其他条件一定的情况下，证券分析师关注对上市公司盈余持续性与证券分析师预测精准度之间的关系具有增强效应。

H8.2：在其他条件一定的情况下，证券分析师关注对上市公司盈余持续性与证券分析师预测分歧度之间的关系具有削弱效应。

4.5 本 章 小 结

本章在前两章对证券分析师行业发展分析以及证券分析师盈余预测相关研究进行文献综述的基础上，进一步全面总结证券分析师盈余预测所涉及信息不对称理论、有效市场假说以及行为金融理论，对本书研究所涉及的理论进行分析，归纳其研究发展脉络，主要思想观点及其对证券分析师盈余预测领域的应用。并以此为据，提出本书的相关研究假设。

第 5 章

实证研究设计

5.1　实证模型构建

为对第 5 章所提的假设进行检验，本书构建实证模型如下：

$$\text{EARNLEAD} = f(\text{EARN}, \text{EARN} \times \text{Interactive}, \text{Controls}, \text{EARN} \times \text{Controls}) \tag{5.1}$$

$$\text{EARNLEAD} = g(\text{CFO}, \text{ACC}, \text{CFO} \times \text{Interactive}, \text{ACC} \times \text{Interactive}, \text{Controls}, \text{CFO} \times \text{Controls}, \text{ACC} \times \text{Controls}) \tag{5.2}$$

$$\text{ACCY} = k(\text{CFO}, \text{ACC}, \text{CFO} \times \text{Interactive}, \text{ACC} \times \text{Interactive}, \text{Controls}) \tag{5.3}$$

$$\text{DISP} = h(\text{CFO}, \text{ACC}, \text{CFO} \times \text{Interactive}, \text{ACC} \times \text{Interactive}, \text{Controls}) \tag{5.4}$$

其中，EARNLEAD 表示 t + 1 期上市公司会计盈余，EARN 表示 t 期上市公司会计盈余、CFO、ACC 分别表示 t 期上市公司的现金盈余和应计盈余，Interactive 表示交互变量，Controls 表示其他控制变量。

模型（5.1）与模型（5.2）用于检验会计盈余持续性假设。针对盈余持续性的定义与计量方法，主要有两种研究思路。第一种研究思路是从会计盈余的时间序列特征来定义盈余持续性，关于盈余持续性的定义。柯梦迪和利佩（Kormendi & Lipe，1987）认为，盈余持续性是会计盈余中未预期部分的盈余预测下期盈余的能力。利佩（Lipe，1990）把盈余持续性定义为当期变动盈余在盈余序列中永久存在的程度，而安提尔和张伯伦（Anctil & Chamberlain，2005）则直接把盈余持续性定义为当期会计盈余的时间序列相关性。第二种研究思路是依据弗里曼（Freeman，1983）盈余线性自回归模型，将当期盈余对下期盈余的预测能力定义为盈余持续性，且本期会计盈余自回归系数越大，则盈余持续性越强。后期大量实证研究文献均坚持这一研究思路，对会计盈余持续性进行研究（Sloan，1996；Richardson et al.，2005；李卓、宋玉，2007；肖华、张国清，2013；方红星、张志平，2013；李姝等，2017）。基于研究目的与前期实证研究成果，本书构建会计盈余的线性一阶自回归模型，对会计盈余持续性假设进行实证研究。其中，模型（5.1）用以检验会计盈余的整体持续性，以及公司治理、产权性质、外部审计监督和证券分析师关注对盈余持续性的影响。模型（5.2）用以检验现金盈余、应计盈余的持续性，以及公司治理、产权性质、外部审计监督和证券分析师关注对盈余持续性的影响。

模型（5.3）和模型（5.4）主要用于证券分析师盈余预测有效性相关假设的检验。其中，模型（5.3）用以检验现金盈余、应计盈余对证券分析师盈余预测精准度的影响，以及实证分析证券分析师在进行盈余预测时，是否会关注公司治理、产权性质、外部审计监督和证券分析师关注对盈余持续性和盈余预测精准度的影响。模型（5.4）用以检验现金盈余、应计盈余对证券分析师盈余预测分歧度的影响，以及实证分析证券分析师在进行盈余预测时，是否会关注公司治理、产权性质、外部审计监督和证券分析师关注对盈余持续性和盈余预测分歧度的影响。

5.2　变 量 定 义

5.2.1　盈余持续性和会计盈余变量定义及计算

5.2.1.1　盈余持续性

基于本书构建的会计盈余一阶线性自回归模型，会计盈余回归系数标示下一期会计盈余对当期会计盈余的敏感性程度，若回归系数为正，且在一定水平下显著，则表明会计盈余的持续性强，当期盈余能够在很大程度上持续到下一期。因此，可以用当期会计盈余对下一期会计盈余进行预测。

5.2.1.2　会计盈余

基于前期实证文献研究成果（Sun & Tong，2003；肖华、张国清，2013；李姝等，2017），本书选取两个指标作为会计盈余的代理变量，即主营业务资产收益率（MROA）和总资产收益率（ROA），两个代理变量的计算公式为：MROA = 营业利润/期初期末总资产账面均值，ROA = 净利润/期初期末总资产账面均值。其中，主营业务资产收益率（MROA）用作本书主模型分析，总资产收益率（ROA）用作本书的稳健性检验分析。

另外，为检验现金盈余与应计盈余的持续性，本书设计 CFO 和 ACC 两个替代变量对现金盈余和应计盈余进行衡量。其中，CFO = 经营活动现金净流量/期初期末总资产账面均值，ACC =（净利润－经营活动现金净流量）/期初期末总资产账面均值。

5.2.2　盈余预测有效性相关变量定义及计算

本书认为，证券分析师盈余预测有效性是指证券分析师盈余预测值与当期上市公司实际盈余之间的匹配程度，主要通过两个代理变量进行衡量，即证券分析师盈余预测精度（ACCY）与预测分歧度（DISP）。本书用证券分析师盈余预测值与会计盈余实际值之差绝对值的负数衡量盈余预测精度，用证券分析师盈余预测值的标准差衡量盈余预测分歧度。具体计算公式如下：

$$ACCY_t = (-1) \times \frac{|EPSACT_t - EPSFOR_t|}{EPSFOR_t}$$

$$DISP_t = \frac{STD(EPSFOR_{it})}{EPSFOR_t} \tag{5.5}$$

其中，$EPSACT_t$ 是上市公司 t 年财务报告披露的每股收益，$EPSFOR_{it}$ 是上市公司 t 年财务报告披露前 150 天~前 3 天的时间窗口内（记做 150 天窗口期），第 i 个证券分析师盈余预测值，$EPSFOR_t$ 是该时间窗口内上市公司证券分析师盈余预测值的均值。如果某证券分析师在此期间有多个盈余预测值数据，本书利用最接近盈余公告时间点的预测数据。为了减少 ACCY 与 DISP 的异方差性，两个变量计算模型分别进行了均值调整。

同时，本书还采用 120 天窗口期（上市公司 t 年盈余公告前 120天~前 3 天）和 90 天窗口期（上市公司 t 年盈余公告前 90 天~前 3天）两个窗口的数据进行计算，来获取证券分析师盈余预测指标，用作稳健性检验。

相关文献研究表明，当证券分析师尽可能提高预测准确性以最小化预测误差的时候，盈余预测的分布是有偏的，也就是说，盈余预测均值和盈余预测中位数不相等；另外，实际会计盈余本身就是有偏分布，进而导致分析师盈余预测也呈现有偏分布。因此，为提高证券分析师预测质量，最大程度减小盈余预测误差，预测值应该采用预测中位数而非均值（Lim，2001；Gu & Wu，2003；李扬、刘刚，2016）。因此，本书采用证券分析师预测中值作为盈余预测值，重新测算盈余预测精准度与盈余预测分歧度，用以本书的稳健性检验。

5.2.3　相关交互变量定义及计算

5.2.3.1　上市公司产权性质替代变量定义及计算

如果上市公司的最终产权归属于政府部门、国有企业或者事业单位，则可以认定该上市公司产权属于国有，即 SOE = 1；若上市公司最终产权归属于自然人，则定义该上市公司的产权性质为非国有，即 SOE = 0。

5.2.3.2　上市公司治理水平代理变量定义及计算

借鉴德丰等（DeFond et al.，2005）、李明辉、刘笑霞（2013）和高瑜彬（2015）的公司治理水平替代变量的设计方法，本书采用变量合成法，将 6 个公司治理指标进行综合处理，形成衡量上市公司治理水平的综合指标 CGS。这 6 个公司治理的分项指标是：（1）上市公司年度股东大会出席股份占比。如果股东大会股份出席占总股份比率低于本年度所有上市公司年度股东大会股份出席占比的中位数，则取值为 0，否则取值为 1。（2）董事会规模。如果上市公司董事会人数小于本年度所有上市公司董事会人数的中位数，则取值为 0，否则为 1。（3）董事会勤勉性。如果上市公司年度董事会会议次数小于所有上市公司年度董事会会议次数，则取值为 0，否则为 1。（4）董事会专门委员会个数。如果上市公司按照中国证券监督管理委员会 2002 年颁布的《上市公司治理准则》要求，同时设立战略委员会、审计委员会、提名委员会以及薪酬与考核委员会四个专门委员会，则取值为 1，否则取值为 0。（5）董事会独立性。如果上市公司独立董事占董事会总人数的比重低于中国证券监督管理委员会《关于在上市公司建立独立董事制度的指导意见》规定超过董事会的1/3，则取值为0，否则取值为1。① （6）董事长和总经理是否两职合一。如果上市公司的董事长和总经理是两职合一，则赋值为0，否则赋值为1。将各项指标得分相加，得到衡量公司治理水平的整体指标CGS的得分，得分$3 < CGS \leqslant 6$的上市公司表明上市公司治理水平较高，取值为0；得分$CGS \leqslant 3$的上市公司表明上市公司治理水平较低，取值为1。

5.2.3.3　上市公司外部审计质量代理变量定义及计算

本书定义，如果审计上市公司的会计师事务所是国际"四大"，则定义上市公司审计质量较高，$BIGN = 1$，否则$BIGN = 0$。

5.2.3.4　证券分析师关注代理变量定义及计算

根据本书研究目的与研究假设，借鉴相关文献研究成果（徐欣、唐清泉，2011；李志刚等，2015），本书采用盈余公告前150天窗口期、120天窗口期和90天窗口期内对样本公司进行跟踪预测的证券机构数的自然对数（NANA）作为证券分析师关注的替代变量。同时，构建哑变量（DNANA）对证券分析师关注强度进行分组，若对上市公司进行跟踪的证券机构数大于对所有样本公司跟踪数的中位数，则$DNANA = 1$，即强关注组；若跟踪机构数小于等于中位数，则

---

① 2001年8月16日，证监会发布《关于在上市公司建立独立董事制度的指导意见》（以下简称《意见》），《意见》指出，上市公司应建立独立董事制度，聘任适当的人员担任独立董事；在2002年6月30日之前，董事会成员中应当至少包括2名独立董事；在2003年6月30日前，上市公司董事会成员中应当至少包括1/3独立董事。本书研究样本始点为2002年，其中存在设有2名独立董事的样本，仍按1/3的最小比率处理。另外，该赋值规则与李明辉、刘笑霞（2013）的赋值规则有所不同，李明辉、刘笑霞（2013）中对董事会独立性的赋值规则为：独董比例大于或者等于本年度非金融行业上市公司独董比率的中位数。本书认为，以《意见》规定的最小比率设置独董，为满足证监会公司治理要求、消极设置之嫌，如独董比率大于《意见》规定的最小比率，则在一定程度上说明该公司设置独立董事有积极主动的一面，充分考虑了本公司治理的实际情况，可以认为其治理水平应该比消极设置者较高。

DNANA = 0，即弱关注组；哑变量用于分析不同的关注程度对盈余持续性是否存在影响。

5.2.4 其他相关因素代理变量定义及计算

参考以往文献（Lim，2001；Gu & Wu，2003；Behn et al.，2008；肖斌卿等，2012；郭杰，2009；肖华、张国清，2013；李扬、刘刚，2016；高瑜彬，2017），本书还控制了其他影响盈余持续性和证券分析师盈余预测有效性的因素，主要包括：（1）公司资产规模（SIZE）。本书用样本公司当期期末资产总额的自然对数（SIZE）作为公司规模的替代变量，预期上市公司规模对盈余持续性存在负向影响，对证券分析师盈余预测精度存在正向影响，对证券分析师盈余预测分歧度存在负向影响。（2）公司杠杆（LEV），本书用上市公司期末资产负债率作为公司杠杆的代理变量，预期公司杠杆对盈余持续性存在负向影响，对证券分析师盈余预测精准度存在负向影响，对证券分析师盈余预测分歧度存在正向影响。（3）盈余意外（SURPRISE），本书用前后两年 EPS 之差的绝对值作为替代变量，预期对证券分析师盈余预测精度存在负向影响。（4）盈余预测时间间隔，本书将证券分析师盈余预测发布日与上市公司财务报告披露日平均间隔天数的自然对数（HORIZON）定义为盈余预测时间间隔，预期对证券分析师盈余精度存在负向影响。（5）盈余波动性（STDROA），本书采用 t – 4 年至 t 年总资产收益率（ROA）的标准差作为上市公司盈余波动性的替代变量，预期对证券分析师盈余精度存在负向影响，对证券分析师盈余预测分歧度存在正向影响。（6）盈余水平（EPSACT），本书采用当期每股收益衡量当期上市公司盈余水平，预期对证券分析师盈余预测精准度存在正向影响，对证券分析师盈余预测分歧度存在负向影响；账面价值与市值比（B/M），预期对盈余持续性存在负向影响，对证券分析师盈余精准度存在负向影响，对证券分析师盈余预测分歧度存在正向影响。（7）当年是否亏损（LOSS），本书采用当年净利润是否为负作为代理变量，如当年净利润为负，则 LOSS = 1，否则 LOSS = 0，预期当年是否亏损对盈余持续性存在负向影响，对证券分析师预测精准度存在正向影响，对证券分析师盈余预测分歧度存在负向影响。同时为了控制年度和行业效应对模型的影响，本书还设置了年度哑变量与行业哑变量。具体变量定义如表 5.1 所示。

表 5.1　　　　　　　　变量定义及描述

变量	变量名称	变量描述
Panel A ：被解释变量		
MROALEAD	t + 1 期主营业务资产收益率	t + 1 期营业利润除以 t + 1 期期初、期末总资产均值
ROALEAD	t + 1 期总资产收益率	t + 1 期净利润除以 t + 1 期期初、期末总资产均值
ACCYMEAN	基于均值的盈余预测精度	一定窗口期分析师盈余均值与盈余实际值之差绝对值的负数
ACCYMED	基于中位数的盈余预测精度	一定窗口期分析师盈余中位数与盈余均值之差绝对值的负数
DISPMEAN	基于均值的盈余预测分歧度	一定窗口期分析师盈余预测值的标准差
DISPMED	基于中位数的盈余预测分歧度	一定窗口期分析师盈余预测值偏离预测中位数的程度
Panel B：解释变量		
MROA	t 期主营业务资产收益率	t 期营业利润除以 t 期期初期末总资产均值
ROA	t 期总资产收益率	t 期净利润除以 t 期期初期末总资产均值
CFO	t 期现金盈余	t 期经营性现金净流量除以 t 期期初期末总资产均值
ACC	t 期应计盈余	t 期净利润与经营性现金净流量之差除以期初期末总资产均值

变量	变量名称	变量描述
Panel C：交互变量		
SOE	公司产权性质	哑变量，产权为国有性质，赋值为 1，否则为 0
CGS	公司治理水平	哑变量，CGS≤3，赋值为 1，否则为 0
BIGN	外部审计质量	哑变量，若为"四大"等于 1，否则为 0
NANA	证券分析师关注	对公司进行跟踪的证券分析师人数的自然对数
Panel D：控制变量		
SIZE	公司规模	公司当期期末总资产的自然对数
LEV	资产负债率	负债总额除以资产总额的百分比
B/M	公司账面市值比	当期公司账面价值除以当期市场价值
LOSS	当年是否亏损	哑变量，若近两年企业亏损，则值为 1，否则为 0
EPS	盈余实际值	公司当期期末普通股每股收益
STDROA	盈余波动性	公司 $t-4$ 期至 t 期总资产收益率的标准差
SURPRISE	盈余意外	公司前后两期 EPS 之差的绝对值
HORIZON	盈余预测时差	盈利预测发布日与年报披露日间隔天数的自然对数
Industry	行业哑变量	哑变量，处于该行业，则值为 1，否则为 0
Year	年度哑变量	哑变量，处于该年度，则值为 1，否则为 0

5.3 样本选择与数据来源

5.3.1 各研究模型样本选取

本书选取 2007～2016 年沪深两市 A 股主板和中小板上市公司作为初

始研究样本。之所以以 2007 年作为样本选取初始年份，主要考虑到财政部于 2006 年颁布的《企业会计准则》于 2007 年 1 月 1 日开始施行，以 2007 年为初始年份，能够保证数据的一致性与可比性。由于盈余持续性检验需要构建一阶线性自回归模型，所以盈余持续性模型的样本区间为 2007～2015 年。证券分析师盈余预测有效性模型的样本区间为 2007～2016 年，而其中控制变量盈余波动性（STDROA）的计算需要滞后四期数据，因此，盈余波动性变量计算所需样本数据区间为 2003～2016 年。

5.3.2　数据来源和处理

本书财务数据、会计师事务所审计数据来自国泰安 CSMAR 数据库，证券分析师盈余预测数据来自锐思数据库。本书对样本数据的筛选过程如下：（1）筛除金融行业样本，由于金融行业样本相关数据与其他行业样本相比具有特殊性，因此，为了保证数据的统一性与一致性，保证研究的普遍性，需要筛除金融行业样本；（2）筛除当年 IPO 的样本，因为会计盈余的一阶线性自回归模型估计需要用到前一期数据；（3）筛除关键数据缺失的样本，为了保证实证分析的准确性和结果的有效性，需要把关键数据缺失的上市公司样本进行筛除。在对样本进行筛检后，为了避免连续变量离群值对模型检验以及结论有效性的影响，本书还对相关连续变量进行了 1% 和 99% 的 Winsorize 处理。样本筛选过程及相关样本的年度分布、行业分布如表 5.2、表 5.3 所示。

表 5.2　　　　　　财务数据样本筛选过程及样本年度分布

样本筛选过程	2007年	2008年	2009年	2010年	2011年	2012年	2013年	2014年	2015年	2016年	合计
初始样本：	1549	1603	1752	2107	2341	2470	2515	2632	2823	3118	22910
减：金融行业样本	45	45	47	52	56	58	58	59	62	75	557
减：数据残缺样本	108	50	130	271	355	393	445	556	648	216	3172

续表

样本筛选过程	2007年	2008年	2009年	2010年	2011年	2012年	2013年	2014年	2015年	2016年	合计
基础样本数	1396	1508	1575	1784	1930	2019	2012	2017	2113	2827	19181
公司治理样本	1363	1467	1549	1743	1902	2016	2010	1975	2024	2661	18710
外部审计样本	1396	1508	1575	1784	1930	2019	2012	2017	2113	2827	19181
产权性质样本	1393	1505	1571	1778	1924	2006	1986	1983	2073	2770	18989
分析师跟踪样本	799	1090	1249	1403	1535	1482	1438	1507	1642	2190	14335

表 5.3　　　　　　　　　　样本行业分布

行业类别及代码	样本数量（个）	所占比重（%）	累计比重（%）
A 农、林、牧、渔业	319	1.66	1.66
B 采掘业	581	3.03	4.69
C 制造业	11479	59.85	64.54
D 电力、热力、燃气及水生产和供应业	889	4.63	69.17
E 建筑业	574	2.99	72.17
F 批发和零售业	1283	6.69	78.85
G 交通运输、仓储和邮政业	748	3.90	82.75
H 住宿、餐饮业	93	0.48	83.24
I 信息传输、软件和信息技术服务业	919	4.79	88.03
K 房地产业	1167	6.08	94.11
L 租赁和商务服务业	257	1.34	95.45
M 专业服务业	103	0.54	95.99
N 水利、环境和公共设施管理业	204	1.06	97.05
Q 卫生业	71	0.37	97.42
R 文化、体育和娱乐业	265	1.38	98.81
S 综合	229	1.19	100.00

　　本书对证券分析师盈余预测样本进行了如下步骤筛选。（1）剔除在 150 天窗口期之外的盈余预测数据，以获取研究窗口内的分析师盈余

预测数据。（2）剔除特定证券机构对上市公司的重复跟踪数据，只保留每家证券机构对上市公司的最后一份跟踪报告。经过以上两个步骤的筛选，用于计算证券分析师盈余预测精准度和盈余预测分歧度的样本数182855。证券分析师盈余预测样本筛选过程及样本年度分布如表5.4所示。

表5.4   证券分析师盈余预测样本筛选过程及样本年度分布

样本筛选过程	2007年	2008年	2009年	2010年	2011年	2012年	2013年	2014年	2015年	2016年	合计
初始样本：	46480	101488	138055	85277	101806	138891	121815	98343	91340	96505	1020000
减：距150天窗口期外样本	35183	50029	85677	49976	56926	84314	76079	58882	53661	62998	613725
减：多次发布报告样本	4922	35830	32285	16109	23198	30315	24602	20850	19673	15636	223420
用于测算分析师预测相关指标的样本	6375	15629	20093	19192	21682	24262	21134	18611	18006	17871	182855
分析师预测准确度样本	709	1005	1171	1201	1396	1409	1410	1421	1495	2003	13221
分析师预测准确度样本	621	944	1105	1082	1259	1284	1280	1279	1370	1821	12045

本书行业分类依据2012年证监会颁布实施的《上市公司行业分类指引》的行业分类办法，其中制造业按照二级分类标准进行分类，其余行业按照一级行业分类标准分类，同时对样本少于10的行业进行了合并处理。

本书利用 Excel 2016 进行数据处理，利用 Stata13 和 Spss 进行模型检验。

5.4　本 章 小 结

首先，在上一章理论分析与假设提出的基础上，本章立足研究需要，同时借鉴相关文献研究成果，分别构建检验盈余持续性的一阶线性自回归模型和检验证券分析师盈余预测有效性的盈余预测精准度模型和盈余预测分歧度模型。其次，根据本章的模型设定，对研究所需的被解释变量、解释变量、交互变量以及其他变量进行了确定，并给出了相应的定义方法和计算模型，同时还对稳健性检验中所涉及的相关变量进行了定义和计算模型设定。在此，对本书所需的样本数据来源数据库、数据选取标准、数据筛选标准、数据筛选过程、数据清洗过程等进行了介绍，同时还对样本数据的年度分析、行业分布进行了分析。最后，简单介绍了本书所用的数据处理以及计量分析软件。

第 6 章

实证研究结果及分析

6.1 变量描述性统计分析

6.1.1 主要变量的描述性统计分析

表 6.1 是本书样本公司主要财务变量和公司产权性质、公司治理与外部审计相关变量的描述性统计。[①] 2007～2016 年，上市公司的主营业务资产收益率 MROA 和总资产收益率 ROA 的均值分别是 0.042 和 0.041，中位数分别是 0.039、0.037，二者中位数均小于均值，说明主营业务资产收益率 MROA 和总资产收益率 ROA 数据分别存在一定的右偏。从标准差而言，主营业务资产收益率 MROA 和总资产收益率 ROA 的标准差分别是 0.070、0.062，说明主营业务资产收益率 MROA 的数据波动要稍微大于总资产收益率 ROA 的数据波动。主营业务资产收益率 MROALEAD 和总资产收益率 ROALEAD 的数据分布规律与滞后一期

---

① 在表 6.1 主要变量描述性统计分析中，多个样本变量的最小值（Min.）和四分之一位数（Q1）在表中呈现为"0.000"数值，这并不表明该样本变量的最小值为 0，这是数据保留小数点后三位以及四舍五入处理的结果。以下各表中"0.000"均是同样的结果。

的数据分布规律较为一致，不再赘述。同期现金盈余 CFO 和应计盈余 ACC 的均值分别是 0.046、–0.006，中位数分别为 0.046、–0.009，说明与现金盈余 CFO 相比，应计盈余 ACC 数据存在一定的右偏。从标准差来看，现金盈余 CFO 和应计盈余 ACC 的标准差分别是 0.084 和 0.087，说明应计盈余 ACC 的数据波动性较大。公司产权性质 SOE 的均值为 0.514，这说明在本书的研究样本中，有 51.4% 的上市公司产权属于国家。研究样本公司治理水平 CGS 得分均值为 0.275，表明在本书的研究样本中，有 27.5% 的样本公司治理水平较差。从会计师事务所选择看，有 6.1% 的公司选择了国际"四大"会计师事务所进行审计。其他变量的描述性统计结果如表 6.1 所示，不再赘述。

表 6.1　　　　　　　　主要财务变量描述性统计分析

变量	N	Mean	Min.	Q1	Median	Q3	Max.	Std. Dev.
MROALEAD	19181	0.033	–0.215	0.000	0.025	0.064	0.258	0.066
ROALEAD	19181	0.031	–0.212	0.000	0.025	0.058	0.229	0.058
MROA	19181	0.042	–0.215	0.010	0.039	0.076	0.258	0.070
ROA	19181	0.041	–0.212	0.013	0.037	0.071	0.229	0.062
CFO	19181	0.046	–0.231	0.002	0.046	0.094	0.284	0.084
ACC	19181	–0.006	–0.277	–0.052	–0.009	0.036	0.287	0.087
SIZE	19181	21.965	19.104	21.060	21.816	22.709	25.830	1.299
LEV	19181	0.470	0.054	0.302	0.470	0.631	1.056	0.218
BTM	19181	0.506	0.070	0.306	0.477	0.686	1.091	0.251
STDROA	12012	0.028	0.001	0.010	0.019	0.033	0.183	0.030
LOSS	19181	0.104	0.000	0.000	0.000	0.000	1.000	0.305
CGS	16049	0.275	0.000	0.000	0.000	1.000	1.000	0.447
SOE	16219	0.514	0.000	0.000	1.000	1.000	1.000	0.500
BIGN	19181	0.061	0.000	0.000	0.000	0.000	1.000	0.240

6.1.2　证券分析师盈余预测相关变量的描述性统计分析

在对主要财务变量进行描述性分析的基础上，本部分主要对证券分析师盈余预测的相关变量的描述性统计进行重点分析。主要包括在 150 天窗口期、120 天窗口期和 90 天窗口期内的证券分析师盈余预测精准度 ACCY、盈余预测分歧度 DISP 以及分析师跟踪人数 NANA 的描述性统计和 150 天窗口期内证券分析师盈余预测相关变量的年度与行业描述性统计。具体描述性统计结果如表 6.2、表 6.3 和表 6.4 所示。

表 6.2　证券分析师盈余预测相关变量在三个窗口期描述性统计分析

变量	N	Mean	Min.	Q1	Median	Q3	Max.	Std. Dev.
150 天窗口期								
ACCYMEAN	13115	− 0.234	− 3.540	− 0.227	− 0.082	− 0.021	0.000	0.487
ACCYMED	13115	− 0.228	− 3.667	− 0.222	− 0.071	− 0.008	0.000	0.494
DISPMEAN	12045	0.288	0.000	0.059	0.122	0.273	3.938	0.544
DISPMED	12045	0.175	0.000	0.013	0.060	0.174	2.642	0.361
NANA	13221	10.604	2	3	7	15	70	10.16
120 天窗口期								
ACCYMEAN	12679	− 0.208	− 3.054	− 0.204	− 0.072	− 0.017	0.000	0.426
ACCYMED	12679	− 0.188	− 2.867	− 0.188	− 0.056	0.000	0.000	0.396
DISPMEAN	11411	0.231	0.000	0.053	0.112	0.249	2.049	0.346
DISPMED	11411	0.261	0.000	0.053	0.112	0.252	3.707	0.491
NANA	12679	9.098	2	3	6	13	65	8.749
90 天窗口期								
ACCYMEAN	11945	− 0.175	− 2.642	− 0.174	− 0.060	− 0.013	0.000	0.361
ACCYMED	11945	− 0.145	− 2.167	− 0.146	− 0.035	0.000	0.000	0.308
DISPMEAN	10398	0.201	0.000	0.043	0.097	0.221	1.587	0.293
DISPMED	10398	0.223	0.000	0.043	0.097	0.224	2.887	0.400
NANA	11945	7.171	2	2	5	10	59	6.859

表 6.3　150 天窗口期证券分析师预测相关变量年度描述性统计分析

年份	变量	N	Mean	Min.	Median	Max.	Std. Dev.
2007	ACCYMEAN	709	−0.159	−3.540	−0.078	0.000	0.310
	DISPMEAN	621	0.123	0.000	0.080	1.587	0.160
	NANA	709	7.255	2	5	36	6.403
2008	ACCYMEAN	1002	−0.246	−3.540	−0.099	0.000	0.479
	DISPMEAN	944	0.235	0.000	0.124	1.587	0.307
	NANA	1005	13.312	2	9	70	12.264
2009	ACCYMEAN	1171	−0.288	−3.540	−0.105	0.000	0.547
	DISPMEAN	1105	0.216	0.000	0.116	1.587	0.288
	NANA	1171	14.049	2	9	66	13.095
2010	ACCYMEAN	1200	−0.197	−3.540	−0.072	0.000	0.429
	DISPMEAN	1082	0.161	0.000	0.085	1.587	0.237
	NANA	1201	11.521	2	8	61	10.604
2011	ACCYMEAN	1393	−0.192	−3.540	−0.079	0.000	0.407
	DISPMEAN	1259	0.178	0.000	0.088	1.587	0.260
	NANA	1396	11.411	2	8	57	10.726
2012	ACCYMEAN	1408	−0.236	−3.540	−0.078	0.000	0.505
	DISPMEAN	1284	0.217	0.000	0.097	1.587	0.319
	NANA	1409	12.933	2	9	67	12.2
2013	ACCYMEAN	1399	−0.213	−3.540	−0.068	0.000	0.447
	DISPMEAN	1280	0.194	0.000	0.088	1.587	0.297
	NANA	1410	11.341	2	8	60	10.658
2014	ACCYMEAN	1398	−0.225	−3.540	−0.071	0.000	0.460
	DISPMEAN	1279	0.211	0.000	0.094	1.587	0.330
	NANA	1421	9.455	2	7	46	8.048
2015	ACCYMEAN	1451	−0.299	−3.540	−0.097	0.000	0.606
	DISPMEAN	1370	0.242	0.000	0.118	1.587	0.340
	NANA	1495	8.193	2	6	40	6.87
2016	ACCYMEAN	1984	−0.241	−3.540	−0.087	0.000	0.508
	DISPMEAN	1821	0.187	0.000	0.087	1.587	0.273
	NANA	2003	7.766	2	6	53	6.709

表 6.4   150 天窗口期证券分析师预测相关变量行业描述性统计分析

行业	变量	N	Mean	Min.	Median	Max.	Std. Dev.
A	ACCYMEAN	228	−0.241	−2.642	−0.098	0.631	0.511
	DISPMEAN	210	0.144	−2.202	0.147	1.968	0.583
	NANA	229	11.38	2	8	41	10.235
B	ACCYMEAN	461	−0.229	−2.642	−0.088	0.631	0.526
	DISPMEAN	443	0.197	−2.202	0.158	1.968	0.591
	NANA	464	15.506	2	13	51	12.378
C	ACCYMEAN	7838	−0.156	−2.642	−0.056	0.631	0.369
	DISPMEAN	7219	0.168	−2.202	0.114	1.968	0.435
	NANA	7908	10.494	2	7	61	10.065
D	ACCYMEAN	566	−0.146	−2.642	−0.052	0.631	0.342
	DISPMEAN	506	0.155	−2.202	0.099	1.968	0.433
	NANA	572	8.449	2	6	47	7.714
E	ACCYMEAN	394	−0.124	−2.642	−0.052	0.631	0.269
	DISPMEAN	367	0.152	−2.202	0.091	1.968	0.36
	NANA	396	9.972	2	8	43	8.173
F	ACCYMEAN	832	−0.15	−2.642	−0.04	0.631	0.382
	DISPMEAN	740	0.148	−2.202	0.086	1.968	0.331
	NANA	833	10.691	2	7	49	10.69
G	ACCYMEAN	581	−0.1	−2.642	−0.04	0.631	0.273
	DISPMEAN	536	0.094	−2.202	0.068	1.968	0.363
	NANA	588	10.616	2	7	41	9.599
H	ACCYMEAN	72	−0.259	−2.642	−0.075	0.631	0.553
	DISPMEAN	71	0.136	−2.202	0.136	1.968	0.626
	NANA	73	13.671	2	12	36	8.808
I	ACCYMEAN	642	−0.155	−2.642	−0.064	0.631	0.316
	DISPMEAN	597	0.184	−2.202	0.118	1.968	0.386
	NANA	650	9.654	2	7	46	8.663
K	ACCYMEAN	778	−0.169	−2.642	−0.068	0.631	0.367
	DISPMEAN	708	0.209	−2.202	0.142	1.968	0.31
	NANA	780	11.673	2	7	70	12.773
L	ACCYMEAN	164	−0.134	−1.778	−0.072	0.631	0.226
	DISPMEAN	150	0.213	0	0.113	1.968	0.273
	NANA	164	9.988	2	7	39	9.006
M	ACCYMEAN	57	−0.071	−0.5	−0.02	0	0.114
	DISPMEAN	47	0.168	0	0.064	1.857	0.32
	NANA	57	6.175	2	4	19	5.186

行业	变量	N	Mean	Min.	Median	Max.	Std. Dev.
N	ACCYMEAN	166	− 0.21	− 2.642	− 0.086	0.631	0.372
	DISPMEAN	162	0.181	− 2.202	0.133	1.968	0.483
	NANA	168	15.506	2	14	40	10.612
Q	ACCYMEAN	42	− 0.168	− 2.642	− 0.056	0	0.414
	DISPMEAN	37	0.171	− 1.581	0.115	1.302	0.413
	NANA	43	7.953	2	5	36	8.375
R	ACCYMEAN	182	− 0.145	− 2.642	− 0.057	0	0.302
	DISPMEAN	164	0.172	− 2.202	0.118	1.968	0.289
	NANA	183	9.044	2	7	31	7.524
S	ACCYMEAN	112	− 0.21	− 2.642	− 0.003	0.631	0.606
	DISPMEAN	88	0.175	− 2.202	0.093	1.329	0.434
	NANA	112	4.554	2	2	34	6.455

表 6.2 列示的是三个窗口期证券分析师盈余预测相关变量的描述性统计结果。可以看出，在研究样本期间，即 2007～2016 年，在三个窗口期内，150 天的盈余预测精准度最差，120 天窗口期内次之，90 天窗口期内盈余预测精度最好，以均值衡量的盈余预测精准度为例，三个窗口期的预测精准度分别为 − 0.234、− 0.208、− 0.175，这表明，距离上市公司年度公布时间越近，证券分析师能够获取的用于预测的信息越多、越充分，预测精准度越高。同理，距离上市公司年度公布时间越近，证券分析师盈余预测的分歧度就越小。三个时间窗口的证券分析师盈余预测分歧度的描述性统计结果证明了这一论断。以均值衡量的盈余预测分歧度为例，三个时间窗口的预测分歧度分别为 0.288、0.231、0.201，即在 90 天时间窗口内，盈余预测分歧度最小。

具体而言，在 150 天窗口期内，ACCYMEAN、ACCYMED 的均值分别为 − 0.234，− 0.228，中位数分别为 − 0.082、− 0.071，均值小于中位数，说明 ACCYMEAN、ACCYMED 的数据分布呈左偏状态，从标准差来看，二者的标准差分别是 0.487、0.494，说明后者的离散程度要大于前者。DISPMEAN、DISPMED 的均值分别为 0.288、0.175，中位数分别为 0.122、0.060，均值大于中位数，说明 DISPMEAN、DIS-PMED 的数据分布呈右偏状态，从标准差看，二者标准差分别为 0.544、0.361，说明后者的离散程度要小于前者。从分析师跟踪数据来看，均值为 10.604，中位数为 7，说明分析师跟踪数大于 7 的较大。120 天窗口期和 90 天窗口期证券分析师盈余预测相关变量的数据分布状态与 150 天窗口期的数据分布状态大致吻合，如表 6.2 所示，不再一一赘述。

表 6.3 列示的是 150 天窗口期内证券分析师盈余预测相关变量的分年度描述性统计分析结果。可以看出，在 2007~2016 年区间内，整体而言，各个年份的盈余预测精准度的均值都小于中位数，这说明盈余预测精准度数据在每个年份都呈左偏状态，盈余预测分歧度的均值都大于盈余预测分歧度的中位数，这说明盈余预测分歧度数据在每个年份都呈右偏状态。另外，预测精准度的标准差均大于预测分歧度的标准差，说明预测精准度的离散程度要大于预测分歧度的离散程度。分年度比较而言，2015 年的盈余预测精准度均值最小，为 -0.299；2007 年的盈余预测均值最大，为 -0.159；2009 年的盈余预测精准度中位数最小，为 -0.105；2013 年的盈余预测精准度中位数最大，为 -0.068，这说明盈余预测精准度数据年度波动不大，数据分布较为均匀。对于各年度的盈余预测分歧度，2007 年的盈余预测分歧度均值最小，为 0.123；2015 年的盈余预测分歧度均值最大，为 0.242；2007 年的盈余预测分歧度中位数最小，为 0.080；2015 年的盈余预测分歧度中位数最大，为 0.118，这说明盈余预测分歧度数据年度波动不大，数据分布较为均匀。对于证券分析师跟踪数据而言，平均而言，2007 年每个样本公司平均有 7.255 个证券机构跟踪，是 10 年样本期中的最小值，2009 年每个样本公司平均有 14.049 个证券机构进行跟踪，是 10 年样本期中的最大值，数据整体波动不大，在合理的范围之内。

表 6.4 列示的是 150 天窗口期内证券分析师盈余预测相关变量的行业描述性统计分析结果。整体而言，各个行业的盈余预测精准度的均值都小于中位数，这说明盈余预测精准度数据在各个行业都呈左偏状态；

盈余预测分歧度的均值几乎都大于盈余预测分歧度的中位数，这说明盈余预测分歧度数据在各个行业都呈右偏状态。另外，预测精准度的标准差均小于预测分歧度的标准差，说明预测精准度的离散程度要小于预测分歧度的离散程度。分行业比较而言，住宿、餐饮行业（H）的盈余预测精准度均值最小，为 -0.259；专业服务业（M）的盈余预测精准度均值最大，为 -0.071；农林牧副渔业（A）的盈余预测精准度中位数最小，为 -0.098；综合类（S）的盈余预测精准度中位数最大，为 -0.003，这说明盈余预测精准度数据行业波动较大。对于各行业的盈余预测分歧度，交通运输、仓储和邮政业（G）的盈余预测分歧度均值最小，为 0.094；租赁和商务服务业（L）的盈余预测分歧度均值最大，为 0.213；专业服务业（M）的盈余预测分歧度中位数最小，为 0.064；采掘业（B）的盈余预测分歧度中位数最大，为 0.158，这说明盈余预测分歧度数据年度波动不大，数据分布较为均匀。

对于证券分析师跟踪数据而言，平均而言，综合类（S）每个样本公司平均有 4.544 个证券机构跟踪，是各行业中的最小值，采掘业（B）及水利、环境和公共设施管理业（N）每个样本公司平均有 15.506 个证券机构进行跟踪，是 10 年样本期中的最大值，这说明证券机构对行业的关注程度有所区别。

6.2　变量相关性分析及样本分组检验

6.2.1　变量相关性分析

本书首先对相关变量进行了 Pearson（Spearman）相关性检验，如表 6.5 所示。结果显示，各变量的两两相关系数较小，且显著性水平不高，这表明变量之间不存在强共线性关系，各变量之间的具体关系有待在回归分析中进行深入分析。

表6.5 主要变量的相关性分析

变量	ACCY	DISP	MROA	ROA	CFO	ACC	SIZE	LEV	BTM	STDROA	HORIZON	NANA
ACCY	1	-0.704 ***	0.067 ***	0.069 ***	0.007	0.012	-0.118 ***	-0.069 ***	-0.069 ***	-0.081 ***	0.059 ***	-0.262 ***
DISP	-0.141 ***	1	-0.209 ***	-0.207 ***	-0.096 ***	0.005	0.043 ***	0.081 ***	0.058 ***	0.104 ***	-0.020	0.077
MROA	0.160 ***	0.009	1	0.937 ***	0.384 ***	0.250 ***	0.061 ***	-0.402 ***	-0.240 ***	0.002	0.014	0.390 ***
ROA	0.164 ***	0.021 **	0.913 ***	1	0.366 ***	0.300 ***	-00.013 *	-0.433 ***	-0.309 ***	00.017 *	0.012	0.377 ***
CFO	0.048 ***	-0.029 ***	0.377 ***	0.346 ***	1	-0.696 ***	0.057 ***	-0.163 ***	-0.090 ***	0.035 ***	0.028 ***	0.228 ***
ACC	0.063 ***	0.047 ***	0.308 ***	0.393 ***	-0.707 ***	1	-0.028 ***	-0.142 ***	-0.091 ***	-0.042 ***	-0.025 ***	0.026 ***
SIZE	-0.041 ***	-0.013	0.106 ***	0.041 ***	0.055 ***	-0.009	1	0.379 ***	0.583 ***	-0.104 ***	0.004	0.367 ***
LEV	-0.092 ***	-0.003	-0.413 ***	-0.416 ***	-0.167 ***	-0.131 ***	0.338 ***	1	0.415 ***	-0.108 ***	-0.048 ***	-0.003
BTM	-0.070 ***	0.009	-0.181 ***	-0.226 ***	-0.093 ***	-0.059 ***	0.602 ***	0.380 ***	1	-0.159 ***	-0.115 ***	-0.013
STDROA	-0.080 ***	-0.023 **	0.005	0.004	0.025 ***	-00.015 *	-0.117 ***	-0.035 ***	-0.169 ***	1	-0.041	-0.027
HORIZON	0.038 ***	0	0.011	0.008	0.023 ***	-0.020 **	0.011	-0.046 ***	-0.102 ***	-0.069 ***	1	-0.034
NANA	0.030 ***	-0.017	0.37 ***	0.352 ***	0.224 ***	00.015 *	0.379 ***	0.008	-0.022	-0.053	-0.003	1

注：矩阵左下三角为 Pearson 相关系数，右上三角为 Spearman 相关系数；***、**、* 分别表示在0.01、0.05、0.10水平下显著。

6.2.2 样本分组检验

为了分析上市公司产权性质（SOE）、公司治理水平（CGS）、外部审计质量（BIGN）、证券分析师关注（NANA）与盈余持续性之间的交互效应，本书以以上四个变量作为分组依据，对样本进行分组检验。

表 6.6 列示的是上市公司产权性质分组检验的结果。以样本公司在研究期间内最终控制人是否为国有背景为标准，将样本分为两组，考察两组样本的会计盈余、证券分析师盈余预测精准度、证券分析师盈余分歧度是否存在显著性差异。对于主营业务资产收益率（MROALEAD）和总资产收益率（ROALEAD）而言，国有背景样本组的会计盈余均值均小于非国有背景样本组的会计盈余均值；对于证券分析师盈余预测精准度（ACCYMEAN、ACCYMED）而言，国有背景样本组的证券分析师盈余预测精准度均值均小于非国有背景样本组的证券分析师盈余预测精准度均值；对于证券分析师盈余预测分歧度（DISPMEAN、DISPMED）而言，国有背景样本组 DISPMED 的均值显著小于非国有背景样本组 DISPMED 的均值，这说明对于国有企业而言，由于代理链条过长，企业经营目标多元化等原因的影响，与非国企企业相比，其会计盈余水平较低，进而也对证券分析师盈余预测有效性产生负向影响。

表 6.6 公司产权性质分组检验

变量	Mean（0）	Mean（1）	Difference	T - stat.	Z - stat.
MROALEAD	0.046	0.032	0.014	13.043 ***	- 14.727 ***
ROALEAD	0.044	0.030	0.013	14.013 ***	- 16.579 ***
ACCYMEAN	- 0.139	- 0.164	0.025	3.896 ***	- 2.334 ***
ACCYMED	- 0.120	- 0.138	0.017	3.172 ***	- 1.282
DISPMEAN	0.170	0.168	0.002	0.245	- 1.329
DISPMED	0.227	0.264	- 0.038	- 3.280 ***	- 2.171 **

注：SOE = 1，上市公司最终控制人为国有背景，SOE = 0，上市公司最终控制人为非国有背景；Z - stat. 为 Wilcoxon 秩检验统计量；*** 、 ** 、 * 分别表示在 0.01、0.05、0.10 水平下显著。

表 6.7 列示的是上市公司治理水平分组检验的结果。以样本公司在研究期间内公司治理水平（CGS）为标准，将样本分为两组，考察两组样本的会计盈余、证券分析师盈余预测精准度、证券分析师盈余分歧度是否存在显著性差异。从表 6.7 可以看出，整体而言，公司治理水平高的样本公司的会计盈余水平要高于公司治理水平差的样本公司的会计盈余水平，且存在显著性差异。对于主营业务资产收益率（MROALEAD）和总资产收益率（ROALEAD）而言，公司治理水平高的样本组的会计盈余均值均大于会计盈余水平低的样本组的会计盈余均值。这说明公司治理水平对会计盈余水平存在正向影响，即在一定条件下，公司治理水平越高，会计盈余水平相对越高。

表 6.7　　　　　　　　　　　公司治理水平分组检验

变量	Mean（0）	Mean（1）	Difference	T – stat.	Z – stat.
MROALEAD	0.04	0.033	0.007	5.424 ***	– 5.973 ***
ROALEAD	0.038	0.033	0.004	4.113 ***	– 4.520 ***
ACCYMEAN	– 0.148	– 0.155	0.007	2.919 **	5.499 ***
ACCYMED	– 0.123	– 0.132	0.01	3.502 **	4.530 ***
DISPMEAN	0.168	0.172	– 0.004	– 0.37	– 2.958 ***
DISPMED	0.245	0.252	– 0.007	– 0.508	– 3.046 ***

注：CGS = 0，公司治理水平高，CGS = 1，公司治理水平低；Z – stat. 为 Wilcoxon 秩检验统计量；*** 、** 、* 分别表示在 0.01、0.05、0.10 水平下显著。

对于证券分析师盈余预测精准度（ACCYMEAN、ACCYMED）而言，公司治理水平高的样本组的证券分析师盈余预测精准度均值均大于公司治理水平高的样本组的证券分析师盈余预测精准度均值；对于证券分析师盈余预测分歧度（DISPMEAN、DISPMED）而言，公司治理水平高的样本组的 DISPMED 的均值显著小于公司治理水平低的样本组 DISPMED 的均值，这说明公司治理水平对分析师盈余预测有效性存在影响，即与治理水平高的公司相比，证券分析师对治理水平低的公司的盈余预测有效性显著较低。

表 6.8 列示的是外部审计质量分组检验的结果。以上市公司会计师事务所是否为国际"四大"（BIGN）为标准，将样本分为两组，考察两组样本的会计盈余、证券分析师盈余预测精准度、证券分析师盈余分歧度是否存在显著性差异。从表 6.8 可以看出，整体而言，选取国际"四大"的样本公司的会计盈余水平要高于非国际"四大"样本公司的会计盈余水平，且存在显著性差异。对于主营业务资产收益率（MROALEAD）和总资产收益率（ROALEAD）而言，"四大"样本组的会计盈余均值均大于非"四大"样本组的会计盈余均值。这说明会计师事务所选择对会计盈余水平存在正向影响，即在一定条件下，相对于非"四大"审计的上市公司而言，"四大"审计的上市公司的会计盈余水平相对越高。

表 6.8　　　　　　　　　　　　外部审计质量分组检验

变量	Mean（0）	Mean（1）	Difference	T – stat.	Z – stat.
MROALEAD	0.032	0.045	− 0.013	− 6.652 ***	− 7.246 ***
ROALEAD	0.031	0.041	− 0.011	− 5.998 ***	− 6.412 ***
ACCYMEAN	− 0.151	− 0.138	− 0.014	− 1.251	− 0.710
ACCYMED	− 0.128	− 0.115	− 0.013	− 1.365	− 2.713 ***
DISPMEAN	0.169	0.149	0.020	1.441	− 3.578 ***
DISPMED	0.247	0.196	0.051	2.750 ***	− 3.991 ***

注：BIGN = 1，会计师事务所为国际"四大"，即谨慎性的注册会计师，BIGN = 0，会计师事务所为非国际"四大"，即国内会计师事务所；Z – stat. 为 Wilcoxon 秩检验统计量；***、**、* 分别表示在 0.01、0.05、0.10 水平下显著。

对于证券分析师盈余预测精准度（ACCYMEAN、ACCYMED）而言，"四大"样本组的证券分析师盈余预测精准度均值均大于非"四大"高样本组的证券分析师盈余预测精准度均值；对于证券分析师盈余预测分歧度（DISPMEAN、DISPMED）而言，"四大"样本组的 DIS-

PMED 的均值显著小于非"四大"样本组 DISPMED 的均值，这说明外部审计质量对分析师盈余预测有效性存在影响，即与审计质量较低的公司相比，证券分析师对审计质量高的公司的盈余预测有效性显著较高。

表 6.9 列示的是证券分析师关注分组检验的结果。以证券分析师跟踪人数是否大于中位数 7 为标准，将研究样本分为两组，即分析师跟踪人数大于中位数 7，DNANA = 1，分析师跟踪人数小于等于 7，DNANA = 0，以此为标准，考察两组样本的会计盈余、证券分析师盈余预测精准度、证券分析师盈余分歧度是否存在显著性差异。从表 6.9 可以看出，整体而言，强跟踪组样本公司的会计盈余水平要高于弱跟踪组样本公司的会计盈余水平，且存在显著性差异。对于主营业务资产收益率（MROALEAD）和总资产收益率（ROALEAD）而言，强跟踪样本组的会计盈余均值均大于弱跟踪样本组的会计盈余均值。这说明证券分析师关注程度对会计盈余水平存在正向影响，即在一定条件下，相对于证券分析师弱跟踪的上市公司而言，证券分析师强跟踪的上市公司的会计盈余水平相对越高。

表 6.9   证券分析师关注分组检验

变量	Mean（0）	Mean（1）	Difference	T – stat.	Z – stat.
MROALEAD	0.017	0.068	− 0.05	− 50.948 ***	− 55.102 ***
ROALEAD	0.018	0.06	− 0.042	− 48.669 ***	− 54.734 ***
ACCYMEAN	− 0.151	− 0.149	− 0.002	− 0.394	− 18.215 ***
ACCYMED	− 0.133	− 0.123	− 0.010	2.060 **	− 24.101 ***
DISPMEAN	0.172	0.163	0.010	1.274	− 7.093 ***
DISPMED	0.251	0.232	0.019	1.890 *	− 7.074 ***

注：DNANA = 1，分析师跟踪人数大于中位数 7，DNANA = 0，分析师跟踪人数小于等于 7；Z – stat. 为 Wilcoxon 秩检验统计量；*** 、** 、* 分别表示在 0.01、0.05、0.10 水平下显著。

对于证券分析师盈余预测精准度（ACCYMEAN、ACCYMED）而言，证券分析师强跟踪样本组的证券分析师盈余预测精准度均值均大于证券分析师弱跟踪样本组的证券分析师盈余预测精准度均值；对于证券分析师盈余预测分歧度（DISPMEAN、DISPMED）而言，强跟踪组的 DISPMED 的均值显著小于弱跟踪样本组 DISPMED 的均值，这说明证券分析师关注对分析师盈余预测有效性存在影响，即与证券分析师关注弱的公司相比，证券分析师关注强的公司的盈余预测有效性显著较高。

6.3　模型回归结果分析

根据本书假设和构建的实证模型，在描述性统计的基础上，利用样本数据，对盈余持续性模型和证券分析师盈余预测有效性模型进行了实证检验。表 6.10 ~ 表 6.18 列示的是模型（5.1）和模型（5.2）的回归结果；表 6.19 ~ 表 6.26 列示的是 150 天窗口期条件下模型（5.3）和模型（5.4）的回归结果。

6.3.1　公司产权性质与盈余持续性的实证结果分析

表 6.10 列示的是以 MROALEAD 为会计盈余替代变量，进行全样本以及年度样本回归分析结果。全样本回归模型对年度效应以及行业效应进行了控制，模型拟合优度 $Adj - R^2$ 为 0.488，$F - value$ 为 247.902，说明模型解释力较强；D. W. 检验值为 2.080，说明该模型构建较为稳定。10 个年度样本回归模型分别对行业效应进行了控制，其中 $F - value$ 均在 0.01 水平下显著，模型拟合优度 $Adj - R^2$ 最大值为 0.569，最小值为 0.446，中位数为 0.507，说明各年度回归模型解释力较好。

表 6.10　　公司产权性质和盈余持续性年度回归结果（DV＝MROALEAD）

变量	全样本	2007 年	2008 年	2009 年	2010 年	2011 年	2012 年	2013 年	2014 年	2015 年
MROA	0.708***	1.346***	2.383***	0.200**	0.831**	0.625*	0.792**	0.617*	0.416**	0.283**
SOE	-0.005***	-0.005**	-0.007*	-0.001	-0.011***	-0.006*	-0.008***	-0.004*	-0.005	-0.008***
MROA×SOE	-0.060***	-0.068*	0.026	-0.035**	-0.193***	-0.115***	0.03	0.032	-0.062**	-0.078**
SIZE	0.005***	0.001	0.014***	0.006**	0.007***	0.002	0.002	0.006***	0.002**	0.001
MROA×SIZE	0.001	0.029	0.081***	0.033*	-0.007	0.003	0.070***	0.004	0.014**	0.051***
LEV	-0.023***	-0.005	-0.054***	-0.018**	-0.041***	-0.019***	-0.01	-0.028***	-0.005	-0.017**
MROA×LEV	-0.127***	0.051	-0.095	-0.477***	0.037	-0.082	-0.312***	0.047	-0.085	-0.223***
BTM	-0.027***	-0.040**	-0.039***	-0.038***	-0.022***	-0.032***	-0.016**	-0.031***	-0.022**	-0.007
MROA×BTM	-0.007	-0.193	0.019	-0.088	-0.055	-0.074	0.262***	0.014	0.251**	-0.158
LOSS	-0.004*	-0.032***	-0.004	-0.011***	-0.022***	-0.005	0.005	0.006	0.007	-0.008*
MROA×LOSS	-0.494***	-0.733***	-0.483***	-0.149**	-0.689***	-0.460***	-0.302***	-0.418***	-0.494***	-0.651***
Constant	-0.108***	-0.011	-0.251***	-0.099	-0.104**	-0.041	-0.045	-0.126***	-0.053	0.008
Year	Control	NO	NO	NO	NO	NO	NO	NO	NO	NO
Industry	Control	Control	Control	Control	Control	Control	Control	Control	Control	Control
N	16088	1384	1502	1567	1776	1922	2005	1979	1973	1980
D.W.	2.082	1.9	1.949	2.045	2.011	1.943	2.035	1.98	2.02	1.987
F-value	247.902	22.986	23.341	29.504	44.363	39.217	40.65	44.777	41.005	33.454
Adj-R²	0.488	0.462	0.446	0.496	0.569	0.518	0.517	0.544	0.523	0.470

注：统计值已经过 White（1980）异方差稳健性修正；***、**、*分别表示在0.01、0.05、0.10水平下显著。

从全样本回归模型看，六个控制变量均在一定水平下显著，其中 MROA 的回归系数为正（0.708），且在 0.01 水平下显著，这说明上市公司前后两年盈余存在显著的持续性，当期会计盈余 MROA 与其他五个控制变量的交互项也均在一定水平下显著。上市公司产权性质 SOE 的回归系数显著为负（-0.005），说明上市公司产权性质与上市公司会计盈余存在显著的负相关关系；当期会计盈余 MROA 与 SOE 的交互项为负（-0.060），且在 0.01 水平下显著，说明与产权性质为非国有的上市公司相比，国有上市公司的盈余持续性较差。从年度样本回归结果看，上市公司产权性质 SOE 的回归系数均在一定水平下显著为负；除个别年份外，当期会计盈余 MROA 与 SOE 的交互项均在一定水平下显著为负。这进一步说明，就年度单期决策模型而言，由于企业代理链条过长与企业决策目标的不唯一性，导致与非国有上市公司相比，国有背景上市公司的盈余持续性较差，从而验证了假设 H1。

表 6.11 列示的是以 MROALEAD 为会计盈余替代变量，进行全样本和上市公司产权性质 SOE 分组样本分析现金盈余和应计盈余持续性的回归检验结果。三个模型拟合优度 $\text{Adj} - \text{R}^2$ 分别为 0.424、0.469、0.446，D. W. 检验值在 2 附近，说明该模型构建较为稳定。

表 6.11 产权性质与现金盈余和应计盈余持续性检验
（DV = MROALEAD）

变量	SOE = 0		SOE = 1		全样本	
	Estimate	T - stat.	Estimate	T - stat.	Estimate	T - stat.
CFO	0.981 ***	5.151	0.096 **	3.392	0.515 ***	3.582
ACC	0.978 ***	4.897	0.089 **	2.424	0.349 **	2.389
SOE					- 0.007 ***	- 6.590
CFO × SOE					- 0.049 ***	- 3.195
ACC × SOE					- 0.034 **	- 2.333
SIZE	0.011 ***	10.221	0.007 ***	9.105	0.009 ***	13.756

变量	SOE = 0		SOE = 1		全样本	
	Estimate	T – stat.	Estimate	T – stat.	Estimate	T – stat.
CFO × SIZEW	0.033 ***	3.058	0.002	0.205	0.016 **	2.248
ACC × SIZEW	0.031 ***	2.782	0.013	1.321	0.013 *	1.771
LEV	− 0.046 ***	− 12.451	− 0.035 ***	− 9.27	− 0.041 ***	− 15.857
CFO × LEV	− 0.407 ***	− 9.569	− 0.237 ***	− 4.874	− 0.346 ***	− 10.911
ACC × LEVW	− 0.251 ***	− 6.814	− 0.195 ***	− 4.543	− 0.258 ***	− 9.421
BTM	− 0.046 ***	− 8.608	− 0.022 ***	− 5.063	− 0.031 ***	− 9.250
CFO × BTM	0.127 **	2.11	− 0.021	− 0.437	0.044	1.142
ACC × BTM	0.260 **	4.365	0.176 ***	3.519	0.208 ***	5.425
LOSS	0.008 **	2.515	− 0.003	− 1.198	0.002	0.825
CFO × LOSS	− 0.275 ***	− 6.643	− 0.577 ***	− 14.08	− 0.411 ***	− 14.261
ACC × LOSS	− 0.235 ***	− 6.809	− 0.537 ***	− 14.977	− 0.364 ***	− 14.843
Constant	− 0.202 ***	− 9.368	− 0.177 ***	− 11.05	− 0.178 ***	− 14.017
Year	Control		Control		Control	
Industry	Control		Control		Control	
N	7822		8266		16088	
D. W.	1.890		1.822		1.854	
F – value	89.401		116.956		191.638	
Adj – R²	0.424		0.469		0.446	

注：统计值已经过 White（1980）异方差稳健性修正；***、**、* 分别表示在 0.01、0.05、0.10 水平下显著。

整体而言，三个模型中现金盈余 CFO 和应计盈余 ACC 的回归系数均显著为正，但现金盈余 CFO 的回归系数显著大于应计盈余 ACC 的回归系数，这说明现金盈余的盈余持续性要高于应计盈余的持续性。从产权性质 SOE 分组样本回归结果而言，非国有企业样本组（SOE = 0）的现金盈余 CFO 和应计盈余 ACC 的回归系数要显著高于国有企业样本组（SOE = 1）的现金盈余 CFO 和应计盈余 ACC 的回归系数。这说明，与非国有上市公司相比，国有企业上市公司现金盈余和应计盈余的持续性均较弱。全样本回归结果显示，产权性质 SOE 的回归系数为负（-0.007），且在 0.01 水平下显著（t = -6.590），产权性质 SOE 与现金盈余 CFO 和应计盈余 ACC 的交互项的回归系数均显著为负，这进一步说明与非国有上市公司相比，国有背景上市公司的现金盈余和应计盈余的持续性均较差，从而验证了假设 H1。

6.3.2　公司治理水平与盈余持续性的实证结果分析

表 6.12 列示的是以 MROALEAD 为会计盈余替代变量，进行全样本以及年度样本回归分析结果。全样本回归模型对年度效应以及行业效应进行了控制，模型拟合优度 Adj - R^2 为 0.487，F - value 为 240.363，在 0.01 水平下显著，说明模型解释力较强；D. W. 检验值为 2.085，说明该模型构建较为稳定。10 个年度样本回归模型分别对行业效应进行了控制，模型拟合优度 Adj - R^2 最大值为 0.562，最小值为 0.451，中位数为 0.504，说明各年度回归模型解释力较好。

从全样本回归模型看，六个控制变量均在一定水平下显著，其中 MROA 的回归系数为正（0.509），且在 0.01 水平下显著，这说明上市公司前后两年盈余存在显著的持续性，当期会计盈余 MROA 与其他五个控制变量的交互项也均在一定水平下显著。上市公司治理水平 CGS 的回归系数显著为负（-0.016），说明上市公司治理水平与上市公司会计盈余存在显著的负相关关系；当期会计盈余 MROA 与 CGS 的交互项为负（-0.022），且在 0.1 水平下显著，说明与治理水平高的样本公司相比，公司治理水平低的盈余持续性较差。从年度样本回归结果看，上市公司治理水平 CGS 的回归系数均在一定水平下显著为负；除个别年份外，当期会计盈余 MROA 与 CGS 的交互项均在一定水平下显著为负。这进一步说明，就年度单期决策模型而言，治理水平较低的公司更容易出现报表粉饰的情况，导致其与治理水平高的公司相比，存在较差的盈余持续性，从而验证了假设 H3。

表 6.12　公司治理水平和盈余持续性年度回归结果（DV = MROALEAD）

变量	全样本	2007 年	2008 年	2009 年	2010 年	2011 年	2012 年	2013 年	2014 年	2015 年
MROA	0.509 ***	1.222 ***	2.179 ***	0.119 **	0.300 **	0.257 **	0.704 ***	0.697 ***	0.076 *	0.729 *
CGS	-0.016 **	-0.010 **	-0.001 **	-0.003 *	-0.005 **	-0.002 *	-0.002 *	-0.004	-0.001	-0.004 **
MROA×CGS	-0.022 *	-0.020 *	-0.064 **	-0.093 *	-0.086 **	-0.011 *	-0.042 **	-0.086 **	-0.013	-0.027 *
SIZE	0.004 ***	0.001	0.013 ***	0.006 ***	0.004 ***	0.001 *	0.001	0.007 ***	0.001	0.002
MROA×SIZE	0.011 *	0.023 **	0.072 ***	0.035 **	0.021 *	0.021 **	0.067 ***	0.001	0.029 *	0.070 ***
LEV	-0.025 ***	-0.015	-0.054 ***	-0.017 **	-0.044 ***	-0.019 ***	-0.011 *	-0.031 ***	-0.009	-0.022 **
MROA×LEV	-0.101 ***	-0.107	-0.103 ***	-0.475 ***	0.092	-0.07	-0.280 ***	0.081	-0.005	-0.190 **
BTM	-0.026 ***	-0.042 **	-0.038 ***	-0.037 ***	-0.014	-0.032 ***	-0.013	-0.034 ***	-0.016 *	-0.013
MROA×BTM	0.008	-0.125	0.032	-0.068	-0.138	-0.058	0.253 ***	0.044 *	0.233 *	-0.112
LOSS	-0.003	-0.028 ***	-0.004	-0.012 *	-0.028 *	-0.005	0.004	0.007	0.004	-0.005
MROA×LOSS	-0.483 ***	-0.731 ***	-0.469 ***	-0.146 **	-0.787 ***	-0.411 ***	-0.341 ***	-0.378 ***	-0.531 ***	-0.579 ***
Constant	-0.093	0.039	-0.221 ***	-0.094 **	-0.063	-0.019	-0.03	-0.131	-0.031	0.015
Year	Control	NO	NO	NO	NO	NO	NO	NO	NO	NO
Industry	Control	Control	Control	Control	Control	Control	Control	Control	Control	Control
N	15917	1354	1464	1545	1741	1900	2015	2003	1964	1931
D.W.	2.085	1.948	1.961	2.031	1.996	1.933	2.049	1.956	2.019	1.951
F - value	240.363	23.46	22.871	28.822	41.549	36.971	39.784	44.955	38.6	30.553
Adj - R²	0.487	0.473	0.451	0.498	0.562	0.51	0.514	0.544	0.513	0.451

注：统计值已经过 White（1980）异方差稳健性修正；***，**，*分别表示在 0.01，0.05，0.10 水平下显著。

表 6. 13 列示的以 MROALEAD 为会计盈余替代变量，进行全样本和上市公司治理水平 CGS 分组样本分析现金盈余和应计盈余持续性的回归检验结果。三个模型拟合优度 $Adj - R^2$ 分别为 0. 471、0. 397、0. 446，D. W. 检验值在 2 附近，说明该模型构建较为稳定。

表 6. 13　　公司治理与现金盈余和应计盈余持续性检验
(DV = MROALEAD)

变量	CGS = 0		CGS = 1		全样本	
	Estimate	T − stat.	Estimate	T − stat.	Estimate	T − stat.
CFO	0. 523	3. 230 ***	0. 374	2. 626 **	0. 429	2. 98 ***
ACC	0. 371	2. 237 **	0. 174	0. 157 *	0. 269	1. 84 *
CGS					− 0. 002	− 1. 86 *
CFO × CGS					− 0. 007	2. 48 *
ACC × CGS					− 0. 011	− 0. 72
SIZE	0. 006	8. 973 ***	0. 012	8. 374 ***	0. 008	12. 28 ***
CFO × SIZEW	0. 017	2. 170 **	0. 018	1. 197	0. 019	2. 82 ***
ACC × SIZEW	0. 014	1. 754 *	0. 016	1. 06	0. 017	2. 38 ***
LEV	− 0. 038	− 12. 210 ***	− 0. 055	− 10. 921 ***	− 0. 045	− 17. 16 ***
CFO × LEV	− 0. 299	− 7. 440 ***	− 0. 239	− 4. 101 ***	− 0. 278	− 8. 63 ***
ACC × LEVW	− 0. 254	− 7. 034 ***	− 0. 188	− 3. 998 ***	− 0. 232	− 8. 36 ***
BTM	− 0. 028	− 7. 498 *	− 0. 042	− 5. 815 ***	− 0. 03	− 9. 00 ***
CFO × BTM	0. 079	1. 826 *	0. 057	0. 71	0. 057	1. 48
ACC × BTM	0. 254	5. 798 ***	0. 227	2. 827 ***	0. 233	6. 06 ***
LOSS	− 0. 004	1. 720 *	− 0. 001	− 0. 183	0. 003	1. 27
CFO × LOSS	− 0. 417	− 11. 526 ***	− 0. 421	− 8. 164 ***	− 0. 418	− 14. 36 ***
ACC × LOSS	− 0. 42	− 13. 593 ***	− 0. 282	− 6. 481 ***	− 0. 369	− 14. 95 ***
Constant	− 0. 136	− 9. 727 ***	− 0. 238	− 8. 149 ***	− 0. 16	− 12. 51 ***
Year	Control		Control		Control	
Industry	Control		Control		Control	
N	11531		4386		15917	
D. W.	1. 849		1. 878		1. 861	

续表

变量	CGS＝0		CGS＝1		全样本	
	Estimate	T－stat.	Estimate	T－stat.	Estimate	T－stat.
F－value	156.245		44.726		186.566	
Adj－R²	0.471		0.397		0.446	

注：统计值已经过 White（1980）异方差稳健性修正；***、**、* 分别表示在 0.01、0.05、0.10 水平下显著。

　　整体而言，三个模型中现金盈余 CFO 和应计盈余 ACC 的回归系数均显著为正，但现金盈余 CFO 的回归系数显著大于应计盈余 ACC 的回归系数，这说明现金盈余的盈余持续性要高于应计盈余的持续性。从公司治理水平 CGS 分组样本回归结果而言，治理水平高样本组（CGS＝0）的现金盈余 CFO 和应计盈余 ACC 的回归系数要显著高于治理水平低样本组（CGS＝1）的现金盈余 CFO 和应计盈余 ACC 的回归系数。这说明，与公司治理水平高的上市公司相比，治理水平低的上市公司现金盈余和应计盈余的持续性均较弱。全样本回归结果显示，治理水平 CGS 的回归系数为负（－0.002），且在 0.1 水平下显著（t＝－1.86），公司治理水平 CGS 与现金盈余 CFO 和应计盈余 ACC 的交互项的回归系数均显著为负，这进一步说明与治理水平高的上市公司相比，治理水平低的上市公司的现金盈余和应计盈余的持续性均较差，从而验证了假设 H3。

6.3.3　外部审计质量与盈余持续性的实证结果分析

　　表 6.14 列示的是以 MROALEAD 为会计盈余替代变量，进行全样本以及年度样本回归分析结果。全样本回归模型对年度效应以及行业效应进行了控制，模型拟合优度 Adj－R² 为 0.487，F－value 为 248.864，在 0.01 水平下显著，说明模型解释力较强；D. W. 检验值为 2.088，说明该模型构建较为稳定。9 个年度样本回归模型分别对行业效应进行了控制，模型拟合优度 Adj－R² 最大值为 0.562，最小值为 0.448，中位数为 0.513，说明各年度回归模型解释力较好。

表 6.14　外部审计质量和盈余持续性年度回归结果（DV = MROALEAD）

变量	全样本	2007 年	2008 年	2009 年	2010 年	2011 年	2012 年	2013 年	2014 年	2015 年
MROA	0.596***	1.299***	2.504***	0.349**	0.589**	0.560**	0.895***	0.459**	0.157**	0.686*
BIGN	0.012**	0.014**	0.001	0.003*	0.012*	0.012*	0.004	0.002*	0.013**	0.003*
MROA × BIGN	0.027*	0.085**	0.078**	0.051**	0.129	0.213***	0.046	0.031**	0.071*	0.090*
SIZE	0.004***	0.001	0.013***	0.007***	0.006***	0.002	0.001	0.006***	0.004**	0.008*
MROA × SIZE	0.007**	0.025**	0.087***	0.026	0.007	0.007	0.076***	0.011	0.027	0.070***
LEV	-0.024***	-0.006	-0.053***	-0.018**	-0.042***	-0.018***	-0.011	-0.032***	-0.007	-0.021***
MROA × LEV	-0.107***	0.055	-0.095	-0.481***	0.061	-0.065	-0.309***	0.095	-0.03	-0.212***
BTM	-0.027***	-0.043***	-0.040***	-0.039***	-0.022	-0.032***	-0.015*	-0.033***	-0.015	-0.013
MROA × BTM	0.007	-0.16	0.042	-0.094	-0.031	-0.082	0.262***	0.03	0.219*	-0.12
LOSS	-0.003*	-0.032***	-0.004	0.01	-0.024***	-0.006	0.005	0.007	0.004	-0.005
MROA × LOSS	-0.483***	-0.746***	-0.484***	-0.163**	-0.709	-0.435***	-0.303***	-0.377***	-0.529***	-0.591***
Constant	-0.096***	-0.026	-0.236***	-0.106**	-0.094***	-0.036	-0.023	-0.118***	-0.009	0.013
Year	Control	NO	NO	NO	NO	NO	NO	NO	NO	NO
Industry	Control	Control	Control	Control	Control	Control	Control	Control	Control	Control
N	16221	1387	1505	1571	1782	1928	2018	2005	2006	2019
D. W.	2.088	1.896	1.943	2.036	2.012	1.931	2.049	1.959	2.011	1.944
F – value	248.864	23.373	23.639	29.591	43.338	39.223	40.331	45.186	41.036	33.675
Adj – R²	0.487	0.466	0.448	0.496	0.562	0.517	0.513	0.544	0.519	0.466

注：统计值已经过 White（1980）异方差稳健性修正；***、**、*分别表示在0.01、0.05、0.10 水平下显著。

从全样本回归模型看，六个控制变量均在一定水平下显著，其中MROA 的回归系数为正（0.596），且在 0.01 水平下显著，这说明上市公司前后两年盈余存在显著的持续性，当期会计盈余 MROA 与其他五个控制变量的交互项也均在一定水平下显著。上市公司外部审计质量BIGN 的回归系数显著为正（0.012），说明上市公司外部审计质量与上市公司会计盈余存在显著的正相关关系；当期会计盈余 MROA 与 BIGN的交互项为正（0.027），且在 0.1 水平下显著，说明与选取非"四大"会计师事务所的样本公司相比，选择"四大"会计师事务所进行审计的样本公司的盈余持续性较好。从年度样本回归结果看，外部审计质量BIGN 的回归系数均在一定水平下显著为正；除个别年份外，当期会计盈余 MROA 与 BIGN 的交互项均在一定水平下显著为正。这进一步说明，就年度单期决策模型而言，经国际"四大"会计师事务所审计的上市公司的财务报表信息质量较高，与非"四大"会计师事务所审计的上市公司相比，存在较高的盈余持续性，从而验证了假设 H5。

表 6.15 列示的以 MROALEAD 为会计盈余替代变量，进行全样本和上市公司外部审计质量 BIGN 分组样本分析现金盈余和应计盈余持续性的回归检验结果。三个模型拟合优度 Adj – R^2 分别为 0.435、0.612、0.444，D.W. 检验值在 2 附近，说明该模型构建较为稳定。

表 6.15　　　　外部审计质量与现金盈余和应计盈余持续性检验
（DV = MROALEAD）

变量	BIGN = 0		BIGN = 1		全样本	
	Estimate	T – stat.	Estimate	T – stat.	Estimate	T – stat.
CFO	0.247 *	1.922	1.745 ***	3.065	0.341 **	2.347
ACC	0.145 *	1.954	1.730 ***	3.335	0.176	1.206
BIGN					0.006 **	2.126
CFO × BIGN					0.011 **	2.322

续表

变量	BIGN = 0		BIGN = 1		全样本	
	Estimate	T − stat.	Estimate	T − stat.	Estimate	T − stat.
ACC × BIGN					0.010 **	2.283
SIZE	0.009 ***	12.498	0.005 ***	2.867	0.008 ***	12.727
CFO × SIZEW	0.028 ***	3.866	− 0.036	− 1.534	0.024 ***	3.444
ACC × SIZEW	0.023 ***	3.061	− 0.060 **	− 2.271	0.021 ***	2.985
LEV	− 0.044 ***	− 16.674	− 0.028 **	− 2.28	− 0.044 ***	− 16.994
CFO × LEV	− 0.347 ***	− 10.732	− 0.153	− 1.01	− 0.337 ***	− 10.735
ACC × LEVW	− 0.280 ***	− 10.091	0.431 ***	2.842	− 0.267 ***	− 9.887
BTM	− 0.033 ***	− 9.435	− 0.026 **	− 2.33	− 0.032 ***	− 9.587
CFO × BTM	0.054	1.345	0.153	1.212	0.059	1.55
ACC × BTM	0.216 ***	5.416	0.338 **	2.441	0.224 ***	5.843
LOSS	0.002	0.838	− 0.007	− 0.831	0.002	0.921
CFO × LOSS	− 0.370 ***	− 12.59	− 0.989 ***	− 7.328	− 0.392 ***	− 13.709
ACC × LOSS	− 0.325 ***	− 13.092	− 1.012 ***	− 8.503	− 0.345 ***	− 14.267
Constant	− 0.177 ***	− 12.732	− 0.121 ***	− 2.966	− 0.171 ***	− 13.078
Year	Control		Control		Control	
Industry	Control		Control		Control	
N	15200		1021		16221	
D. W.	1.86		1.789		1.857	
F − value	181.075		33.238		191.415	
Adj − R^2	0.435		0.612		0.444	

注：统计值已经过 White（1980）异方差稳健性修正；*** 、 ** 、 * 分别表示在 0.01、0.05、0.10 水平下显著。

整体而言，三个模型中现金盈余 CFO 和应计盈余 ACC 的回归系数均显著为正，但现金盈余 CFO 的回归系数显著大于应计盈余 ACC 的回归系数，这说明现金盈余的盈余持续性要高于应计盈余的持续性。从上市公司外部审计质量 BIGN 分组样本回归结果而言，非"四大"样本组（BIGN = 0）的现金盈余 CFO 和应计盈余 ACC 的回归系数要显著低于"四大"样本组（BIGN = 1）的现金盈余 CFO 和应计盈余 ACC 的回归系数。这说明，与选择非"四大"进行审计的上市公司相比，选择"四大"审计的上市公司现金盈余和应计盈余的持续性均较好。全样本回归结果显示，外部审计质量 BIGN 的回归系数为正（0.006），且在 0.05 水平下显著（t = 2.126），外部审计质量 BIGN 与现金盈余 CFO 和应计盈余 ACC 的交互项的回归系数均显著为正，这进一步说明与选择非"四大"会计师事务所审计的上市公司相比，"四大"会计师事务所审计的上市公司的现金盈余和应计盈余的持续性均较强，从而验证了假设 H5。

6.3.4　证券分析师关注与盈余持续性的实证结果分析

表 6.16 列示的是以 MROALEAD 为会计盈余替代变量，进行全样本以及年度样本回归分析结果。全样本回归模型对年度效应以及行业效应进行了控制，模型拟合优度 $Adj - R^2$ 为 0.545，$F - value$ 为 233.925，说明模型解释力较强；D.W. 检验值为 1.957，说明该模型构建较为稳定。9 个年度样本回归模型分别对行业效应进行了控制，模型拟合优度 $Adj - R^2$ 最大值为 0.606，最小值为 0.5，中位数为 0.565，说明各年度回归模型解释力较好。

表6.16　证券分析师关注和盈余持续性年度回归结果（DV = MROALEAD）

变量	全样本	2007年	2008年	2009年	2010年	2011年	2012年	2013年	2014年	2015年
MROA	0.351**	0.251**	1.978***	0.405**	0.755**	0.566**	0.013*	0.473	0.122**	0.758*
NANA	0.005***	0.003**	0.003*	0.004***	0.002*	0.001**	0.001	0.002	0.005***	0.008***
MROA×NANA	0.004*	0.071**	0.019*	0.015*	0.044**	0.059***	0.018	0.021	-0.022	0.053***
SIZE	0.003***	0.013***	0.005**	0.001**	0.001	0.002	0.001	0.001	0.004*	0.003***
MROA×SIZE	0.020***	0.006	-0.064***	0.018**	-0.007	0.005**	0.029	0.008	0.033	0.081***
LEV	-0.005*	0.003	-0.054***	0.016**	-0.005*	-0.003	-0.020**	-0.005	-0.016*	-0.005
MROA×LEV	-0.201	0.108	0.047	-0.604***	-0.094**	-0.096	-0.053	0.019	-0.277**	-0.462***
BTM	-0.013***	-0.042*	-0.012	-0.038***	-0.008	-0.020**	-0.013	-0.023***	-0.023***	-0.014
MROA×BTM	-0.075**	-0.014	-0.143	0.119	-0.125	0.05	0.117	0.091	0.241*	-0.025
LOSS	-0.006**	-0.090***	-0.005	0.017**	-0.004	-0.031***	0.002	0.009	0.003	-0.003
MROA×LOSS	-0.492***	-0.427***	-0.632***	-0.124	-0.391**	-0.811***	-0.236***	-0.418**	-0.386***	-0.583***
Constant	0.042***	0.267***	-0.076	0.032	0.033	0.04	-0.024	0.023	0.046	0.070*
Year	Control	NO	NO	NO	NO	NO	NO	NO	NO	NO
Industry	Control	Control	Control	Control	Control	Control	Control	Control	Control	Control
N	12050	794	1088	1245	1401	1533	1481	1434	1500	1574
D.W.	1.957	1.857	1.963	1.964	2.061	1.914	2.004	2.006	2.026	1.977
F - value	233.925	20.545	21.502	31.411	32.7	38.57	40.718	41.879	41.683	31.583
Adj - R^2	0.545	0.562	0.5	0.569	0.545	0.565	0.587	0.606	0.594	0.512

注：统计值已经过 White（1980）异方差稳健性修正；***、**、* 分别表示在 0.01、0.05、0.10 水平下显著。

　　从全样本回归模型看，六个控制变量均在一定水平下显著，其中MROA 的回归系数为正（0.351），且在 0.05 水平下显著，这说明上市公司前后两年盈余存在显著的持续性，当期会计盈余 MROA 与其他五个控制变量的交互项也均在一定水平下显著。证券分析师关注 NANA 的回归系数显著为正（0.005），说明上市公司证券分析师关注与上市公司会计盈余存在显著的正相关关系；当期会计盈余 MROA 与 NANA 的交互项为正（0.004），且在 0.1 水平下显著，说明证券分析师跟踪人数越多即证券分析师关注越强，上市公司的盈余持续性较好。从年度样本回归结果看，证券分析师关注 NANA 的回归系数均在一定水平下显著为正；除个别年份外，当期会计盈余 MROA 与 NANA 的交互项均在一定水平下显著为正。这进一步说明，就年度单期决策模型而言，证券分析师关注发挥了外部监督作用，进而保证了上市公司的财务报表信息质量，且证券分析师关注越高，上市公司的会计盈余持续性越好，从而验证了假设 H7。

　　表 6.17 列示的是以 MROALEAD 为会计盈余替代变量，进行全样本和上市公司证券分析师关注 NANA 分组样本分析现金盈余和应计盈余持续性的回归检验结果。三个模型拟合优度 Adj – R^2 分别为 0.354、0.599、0.516，D. W. 检验值在 2 附近，说明该模型构建较为稳定。

表 6.17　　证券分析师关注与现金盈余和应计盈余持续性检验
（DV = MROALEAD）

变量	DNANA = 0		DNANA = 1		全样本	
	Estimate	T – stat.	Estimate	T – stat.	Estimate	T – stat.
CFO	1.071 ***	3.71	0.904 ***	3.765	0.934 ***	6.066
ACC	0.881 ***	3.254	0.787 ***	3.791	0.910 ***	5.45
DNANA					0.008 ***	6.166
CFO × DNANA					0.114 ***	8.434
ACC × DNANA					0.073 ***	4.65

续表

变量	DNANA = 0		DNANA = 1		全样本	
	Estimate	T − stat.	Estimate	T − stat.	Estimate	T − stat.
SIZE	0.001	1.066	0.003 ***	2.887	0.003 ***	3.853
CFO × SIZEW	0.015	1.087	0.001	0.14	0.009	1.162
ACC × SIZEW	0.012	− 0.934	− 0.016	− 1.45	0.016 *	1.92
LEV	− 0.017 ***	− 4.045	− 0.020 ***	− 3.457	− 0.020 ***	− 6.125
CFO × LEV	− 0.106 *	− 1.697	− 0.111 *	− 1.665	− 0.091 **	− 2.142
ACC × LEVW	− 0.089	− 1.618	0.079	1.118	− 0.021	− 0.512
BTM	− 0.014 ***	− 2.598	− 0.045 ***	− 8.993	− 0.031 ***	− 8.816
CFO × BTM	0.207 ***	3.05	0.007	0.127	0.059	1.448
ACC × BTM	0.275 ***	4.234	0.152 **	2.535	0.185 ***	4.4
LOSS	− 0.002	− 0.61	− 0.004	− 0.855	− 0.004 *	− 1.704
CFO × LOSS	− 0.484 ***	− 9.684	− 0.601 ***	− 8.212	− 0.484 ***	− 12.369
ACC × LOSS	− 0.536 ***	− 12.154	− 0.635 ***	− 9.547	− 0.537 ***	− 15.476
Constant	0.006	0.278	− 0.051 **	− 2.579	− 0.059 ***	− 4.337
Year	Control		Control		Control	
Industry	Control		Control		Control	
N	6060		5990		12050	
D. W.	1.912		1.848		1.858	
F − value	52.142		138.395		192.821	
Adj − R²	0.354		0.599		0.516	

注：统计值已经过 White（1980）异方差稳健性修正；***、**、*分别表示在 0.01、0.05、0.10 水平下显著。

整体而言，三个模型中现金盈余 CFO 和应计盈余 ACC 的回归系数均显著为正，但现金盈余 CFO 的回归系数显著大于应计盈余 ACC 的回归系数，这说明现金盈余的盈余持续性要高于应计盈余的持续性。从证券分析师关注 NANA 分组样本回归结果而言，弱关注度样本组（DNANA = 0）的现金盈余 CFO 和应计盈余 ACC 的回归系数要显著小于强关注样本组（DNANA = 1）的现金盈余 CFO 和应计盈余 ACC 的回归系数。这说明，与证券分析师关注的上市公司相比，证券分析师强关注的上市公司现金盈余和应计盈余的持续性均较好。全样本回归结果显示，证券分析师关注 DNANA 的回归系数为正（0.008），且在 0.01 水平下显著（t = 6.166），证券分析师关注 DNANA 与现金盈余 CFO 和应计盈余 ACC 的交互项的回归系数均显著为正，这进一步说明与证券分析师弱关注的上市公司相比，证券分析师强关注的上市公司的现金盈余和应计盈余的持续性均较强，从而验证了假设 H7。

6.3.5　公司产权性质与证券分析师盈余预测有效性的实证结果分析

表 6.18 列示的是 150 天窗口期下公司产权性质（SOE）与证券分析师盈余预测精准度（ACCYMEAN）的回归分析结果。列（1）和列（2）分别是引入产权性质 SOE 和产权性质 SOE 与现金盈余 CFO、应计盈余 ACC 交互项的回归结果。两个模型的 Adj – R^2 分别为 0.429 和 0.432，在列（1）模型中，7 个控制变量中有 3 个在 0.01 水平下显著，2 个在 0.05 水平下显著，在列（2）模型中，7 个控制变量中有 3 个在 0.01 水平下显著，2 个在 0.05 水平下显著，两个模型均控制了年度固定效应和行业固定效应。

表 6.18　　　公司产权性质与证券分析师盈余预测精准度

(DV = ACCYMEAN)

变量	(1)		(2)	
	Estimate	T – stat.	Estimate	T – stat.
CFO	0.308 ***	3.195	0.410 ***	3.951
ACC	0.300 ***	3.029	0.386 ***	3.546
SOE	− 0.002 **	− 2.202	− 0.017 *	− 1.801

续表

变量	（1）		（2）	
	Estimate	T − stat.	Estimate	T − stat.
CFO × SOE			− 0. 322 ***	− 2. 645
ACC × SOE			− 0. 284 **	− 2. 224
SIZE	0. 001	0. 354	0. 001	0. 273
LEV	− 0. 044 **	− 2. 022	− 0. 048 **	− 2. 184
BTM	− 0. 054 **	− 2. 341	− 0. 057 **	− 2. 474
EPS	0. 033 ***	5. 047	0. 035 ***	5. 384
STDROA	− 0. 630 ***	− 5. 641	− 0. 632 ***	− 5. 666
LOSS	− 0. 088 ***	− 5. 604	− 0. 093 ***	− 5. 862
HORIZON	0. 007 **	3. 242	0. 006 **	2. 843
Constant	− 0. 123	− 1. 431	− 0. 133	− 1. 541
Industry	Control		Control	
Year	Control		Control	
N	13115		13115	
D. W.	1. 919		1. 918	
F − value	107. 888		105. 594	
Adj − R^2	0. 429		0. 432	

注：统计值已经过 White（1980）异方差稳健性修正；*** 、** 、* 分别表示在 0.01、0.05、0.10 水平下显著。

　　具体而言，在未引入产权性质 SOE 与现金盈余 CFO、应计盈余 ACC 交互项的情况下，现金盈余 CFO、应计盈余 ACC 的回归系数分别是 0.308 和 0.300，且均在 0.01 水平下显著，这说明现金盈余与应计盈余的持续性与证券分析师盈余预测精准度呈正相关关系，且现金盈余与证券分析师盈余预测精准度的正相关关系要强于应计盈余与证券分析师盈余预测精准度的正相关关系。同时，上市公司产权性质 SOE 的回归系数为负（− 0.002），且在 0.05 水平下显著，这说明产权性质（SOE）与证券分析师盈余预测精准度（ACCYMEAN）之间存在负相关关系，即上市公司产权性质（SOE）对证券分析师盈余预测精准度（ACCYMEAN）存在负向影响。

在引入产权性质 SOE 与现金盈余 CFO、应计盈余 ACC 交互项的情况下，现金盈余 CFO、应计盈余 ACC 以及上市公司产权性质 SOE 的回归系数符号以及显著性与在未引入交互项的情况下保持一致，不再一一赘述。同时，现金盈余 CFO 与产权性质 SOE 的回归系数为负（ -0.322），在 0.01 水平下显著，应计盈余 ACC 与产权性质 SOE 的回归系数为负（ -0.284），在 0.05 水平下显著。这进一步说明，证券分析师在进行上市公司盈余预测时，关注到了上市公司产权性质对盈余持续性的影响，并对其关联作用作出了相应反应，以提高其预测的精准度。从而验证了假设 H2.1。

表 6.19 列示的是 150 天窗口期下公司产权性质（SOE）与证券分析师盈余预测分歧度（DISPMEAN）的回归分析结果。列（1）和列（2）分别是引入产权性质 SOE 和产权性质 SOE 与现金盈余 CFO、应计盈余 ACC 交互项的回归结果。两个模型的 $Adj - R^2$ 分别为 0.449 和 0.455，在列（1）模型中，7 个控制变量中有 2 个在 0.01 水平下显著，1 个在 0.05 水平下显著，在列（2）模型中，7 个控制变量中有 2 个在 0.01 水平下显著，1 个在 0.05 水平下显著，两个模型均控制了年度固定效应和行业固定效应。

表 6.19　　　　公司产权性质与证券分析师盈余预测分歧度

（DV = DISPMEAN）

变量	（1）		（2）	
	Estimate	T – stat.	Estimate	T – stat.
CFO	-0.661***	-5.785	-0.745***	-6.062
ACC	-0.537***	-4.561	-0.704***	-5.448
SOE	0.002**	2.254	0.012*	2.033
CFO × SOE			-0.474**	1.975

续表

变量	（1）		（2）	
	Estimate	T－stat.	Estimate	T－stat.
ACC×SOE			－0.287***	3.085
SIZE	－0.013***	－2.644	－0.013***	－2.688
LEV	0.031	1.137	0.034	1.278
BTM	0.041	1.479	0.045	1.627
EPS	－0.009	－1.16	－0.011	－1.485
STDROA	0.299**	2.143	0.298**	2.139
LOSS	0.426***	－22.23	－0.421***	－21.821
HORIZON	0.001	0.359	0.001	0.377
Constant	0.433***	4.086	0.437***	4.122
Industry	Control		Control	
Year	Control		Control	
N	12045		12045	
D.W.	1.921		1.936	
F－value	102.731		101.096	
Adj－R²	0.449		0.455	

注：统计值已经过 White（1980）异方差稳健性修正；***、**、* 分别表示在 0.01、0.05、0.10 水平下显著。

　　具体而言，在未引入治理水平 CGS 与现金盈余 CFO、应计盈余 ACC 交互项的情况下，现金盈余 CFO、应计盈余 ACC 的回归系数分别是 －0.661 和 －0.537，且均在 0.01 水平下显著，这说明现金盈余与应计盈余的持续性与证券分析师盈余预测分歧度呈负相关关系，且现金盈余与证券分析师盈余预测分歧度的负相关关系要强于应计盈余与证券分析师盈余预测分歧度的负相关关系。同时，上市公司产权性质 SOE 的回归系数为正（0.002），且在 0.05 水平下显著，这说明产权性质（SOE）与证券分析师盈余预测分歧度（DISPMEAN）之间存在正相关关系，即上市公司产权性质（SOE）对证券分析师盈余预测分歧度

（DISPMEAN）存在正向影响。

在引入产权性质 SOE 与现金盈余 CFO、应计盈余 ACC 交互项的情况下，现金盈余 CFO、应计盈余 ACC 以及上市公司产权性质 SOE 的回归系数符号以及显著性与在未引入交互项的情况下保持一致，不再一一赘述。同时，现金盈余 CFO 与产权性质 SOE 的回归系数为负（−0.474），在 0.05 水平下显著，应计盈余 ACC 与产权性质 SOE 的回归系数为负（−0.287），在 0.01 水平下显著。这进一步说明，证券分析师在进行上市公司盈余预测时，关注到了上市公司产权性质对盈余持续性的影响，并对其关联作用作出了相应反应。从而验证了假设 H2.2。

6.3.6　公司治理水平与证券分析师盈余预测有效性的实证结果分析

表 6.20 列示的是 150 天窗口期下公司治理水平（CGS）与证券分析师盈余预测精准度（ACCYMEAN）的回归分析结果。列（1）和列（2）分别是引入治理水平 CGS 和治理水平 CGS 与现金盈余 CFO、应计盈余 ACC 交互项的回归结果。两个模型的 $Adj-R^2$ 分别为 0.429 和 0.432，在列（1）模型中，7 个控制变量中有 3 个在 0.01 水平下显著，2 个在 0.05 水平下显著，在列（2）模型中，7 个控制变量中有 3 个在 0.01 水平下显著，2 个在 0.1 水平下显著，两个模型均控制了年度固定效应和行业固定效应。

表 6.20　　　　公司治理水平与证券分析师盈余预测精准度

（DV = ACCYMEAN）

变量	(1)		(2)	
	Estimate	T − stat.	Estimate	T − stat.
CFO	0.307 ***	3.196	0.398 ***	3.827
ACC	0.301 ***	3.043	0.397 ***	3.719

续表

变量	（1）		（2）	
	Estimate	T－stat.	Estimate	T－stat.
CGS	－0.005 **	－2.637	－0.019 *	－1.858
CFO×CGS			－0.301 **	－2.216
ACC×CGS			－0.327 **	－2.303
SIZE	0.001	0.266	0.001	0.242
LEV	－0.044 **	－2.004	－0.043 *	－1.944
BTM	－0.054 **	－2.356	－0.052 **	－2.253
EPS	0.033 ***	5.049	0.032 ***	4.877
STDROA	－0.629 ***	－5.636	－0.631 ***	－5.653
LOSS	－0.088 ***	－5.613	－0.089 ***	－5.665
HORIZON	0.008 **	2.242	0.005 *	1.843
Constant	－0.132	－1.53	－0.14	－1.621
Industry	Control		Control	
Year	Control		Control	
N	13115		13115	
D.W.	1.919		1.919	
F－value	10.795		105.46	
Adj－R^2	0.429		0.432	

注：统计值已经过 White（1980）异方差稳健性修正；***、**、* 分别表示在 0.01、0.05、0.10 水平下显著。

具体而言，在未引入治理水平 CGS 与现金盈余 CFO、应计盈余 ACC 交互项的情况下，现金盈余 CFO、应计盈余 ACC 的回归系数分别是 0.307 和 0.301，且均在 0.01 水平下显著，这说明现金盈余与应计盈余的持续性与证券分析师盈余预测精度呈正相关关系，且现金盈余与证券分析师盈余预测精度的正相关关系要强于应计盈余与证券分析师盈余预测精度的正相关关系。同时，上市公司治理水平 CGS 的回归系数为负（－0.005），且在 0.05 水平下显著，这说明治理水平 CGS 与证券分析师盈余预测精准度（ACCYMEAN）之间存在负相关关系，即与公司治理水平高的上市公司相比，证券分析师对治理水平较高的上市公司盈余预测精准度更高。

在引入治理水平 CGS 与现金盈余 CFO、应计盈余 ACC 交互项的情况下，现金盈余 CFO、应计盈余 ACC 以及上市公司治理水平 CGS 的回归系数符号以及显著性与在未引入交互项的情况下保持一致，不再一一赘述。同时，现金盈余 CFO 与治理水平 CGS 的回归系数为负（-0.301），在 0.05 水平下显著，应计盈余 ACC 与治理水平 CGS 的回归系数为负（-0.327），在 0.05 水平下显著。这进一步说明，证券分析师在进行上市公司盈余预测时，关注到了上市公司治理水平对盈余持续性的影响，并对其关联作用作出了相应反应，以提高其预测的精准度。从而验证了假设 H4.1。

表 6.21 列示的是 150 天窗口期下公司治理水平 CGS 与证券分析师盈余预测分歧度（DISPMEAN）的回归分析结果。列（1）和列（2）分别是引入治理水平 CGS 和治理水平 CGS 与现金盈余 CFO、应计盈余 ACC 交互项的回归结果。两个模型的 Adj-R^2 分别为 0.449 和 0.450，在列（1）模型中，7 个控制变量中有 1 个在 0.01 水平下显著，2 个在 0.05 水平下显著，在列（2）模型中，7 个控制变量中有 1 个在 0.01 水平下显著，2 个在 0.05 水平下显著，两个模型均控制了年度固定效应和行业固定效应。

表 6.21　　　　公司治理水平与证券分析师盈余预测分歧度
（DV = DISPMEAN）

变量	(1)		(2)	
	Estimate	T-stat.	Estimate	T-stat.
CFO	-0.661 ***	-5.797	-0.584 ***	-4.748
ACC	-0.536 ***	-4.555	-0.479 ***	-3.767
CGS	0.010 *	1.949	0.025 *	1.942

续表

变量	(1)		(2)	
	Estimate	T – stat.	Estimate	T – stat.
CFO × CGS			– 0.277 *	– 1.698
ACC × CGS			– 0.180 *	– 1.75
SIZE	– 0.012 **	– 2.533	– 0.012 **	– 2.525
LEV	0.031	1.169	0.032	1.211
BTM	0.040	1.457	0.042	1.511
EPS	– 0.009	– 1.162	– 0.010	– 1.275
STDROA	0.300 **	2.151	0.298 **	2.137
LOSS	0.426 ***	22.246	– 0.427 ***	– 22.279
HORIZON	0.001	0.353	0.001	0.377
Constant	0.418 ***	3.943	0.411 ***	3.869
Industry	Control		Control	
Year	Control		Control	
N	12045		12045	
D. W.	1.920		1.921	
F – value	102.908		100.116	
Adj – R^2	0.449		0.450	

注：统计值已经过 White（1980）异方差稳健性修正；*** 、** 、* 分别表示在 0.01、0.05、0.10 水平下显著。

具体而言，在未引入公司治理水平 CGS 与现金盈余 CFO、应计盈余 ACC 交互项的情况下，现金盈余 CFO、应计盈余 ACC 的回归系数分别是 – 0.661 和 – 0.536，且均在 0.01 水平下显著，这说明现金盈余与应计盈余的持续性与证券分析师盈余预测分歧度呈负相关关系，且现金盈余与证券分析师盈余预测分歧度的负相关关系要强于应计盈余与证券分析师盈余预测分歧度的负相关关系。同时，上市公司治理水平 CGS 的回归系数为正（0.010），且在 0.1 水平下显著，这说明公司治理水平 CGS 与证券分析师盈余预测分歧度（DISPMEAN）之间存在正相关关系，即与公司治理较好的上市公司相比，证券分析师对公司治理水平较低的上市公司的盈余预测分歧度较大。

在引入公司治理水平 CGS 与现金盈余 CFO、应计盈余 ACC 交互项的情况下，现金盈余 CFO、应计盈余 ACC 以及上市公司治理水平 CGS 的回归系数符号以及显著性与在未引入交互项的情况下保持一致，不再一一赘述。同时，现金盈余 CFO 与公司治理水平 CGS 的回归系数为负（-0.277），在 0.1 水平下显著，应计盈余 ACC 与公司治理水平 CGS 的回归系数为负（-0.180），在 0.1 水平下显著。这进一步说明，证券分析师在进行上市公司盈余预测时，关注到了上市公司治理水平对盈余持续性的影响，并对其关联作用作出了相应反应。从而验证了假设 H4.2。

6.3.7 外部审计质量与证券分析师盈余预测有效性的实证结果分析

表 6.22 列示的是 150 天窗口期下上市公司外部审计质量（BIGN）与证券分析师盈余预测精准度（ACCYMEAN）的回归分析结果。列（1）和列（2）分别是引入外部审计质量（BIGN）和外部审计质量（BIGN）与现金盈余 CFO、应计盈余 ACC 交互项的回归结果。两个模型的 Adj-R² 分别为 0.432 和 0.434，在列（1）模型中，7 个控制变量中有 3 个在 0.01 水平下显著，1 个在 0.05 水平下显著，2 个在 0.1 水平下显著，在列（2）模型中，7 个控制变量中有三个在 0.01 水平下显著，两个在 0.1 水平下显著，两个模型均控制了年度固定效应和行业固定效应。

表 6.22　　　　　　外部审计质量与证券分析师盈余预测精准度

（DV = ACCYMEAN）

变量	（1）		（2）	
	Estimate	T − stat.	Estimate	T − stat.
CFO	0.311 ***	3.237	0.291 ***	2.995
ACC	0.308 ***	3.111	0.280 ***	2.808
BIGN	0.021 *	1.995	0.001 **	3.073
CFO × BIGN			0.592 *	2.733
ACC × BIGN			0.341 **	2.125
SIZE	0.004	0.959	0.004	0.88
LEV	− 0.039 *	− 1.763	− 0.039 *	− 1.779
BTM	− 0.049 **	− 2.114	− 0.048 **	− 2.060
EPS	0.033 ***	5.079	0.032 ***	4.935
STDROA	− 0.622 ***	− 5.569	− 0.614 ***	− 5.499
LOSS	− 0.088 ***	− 5.612	− 0.089 ***	− 5.649
HORIZON	0.005 *	1.889	0.005 *	1.880
Constant	− 0.115	− 1.238	− 0.122	− 1.313
Industry	Control		Control	
Year	Control		Control	
N	13115		13115	
D.W.	1.921		1.926	
F − value	107.099		104.451	
Adj − R^2	0.432		0.434	

注：统计值已经过 White（1980）异方差稳健性修正；***、**、*分别表示在 0.01、0.05、0.10 水平下显著。

具体而言，在未引入外部审计质量 BIGN 与现金盈余 CFO、应计盈余 ACC 交互项的情况下，现金盈余 CFO、应计盈余 ACC 的回归系数分别是 0.311 和 0.308，且均在 0.01 水平下显著，这说明现金盈余与应计盈余的持续性与证券分析师盈余预测精度呈正相关关系，且现金盈余与证券分析师盈余预测精准度的正相关关系要强于应计盈余与证券分析师盈余预测精准度的正相关关系。同时，上市公司外部审计质量 BIGN 的回归系数为正（0.021），且在 0.1 水平下显著，这说明外部审计质量 BIGN 与证券分析师盈余预测精准度（ACCYMEAN）之间存在正相关关系，即与选择非"四大"会计师事务所上市公司相比，证券分析师对选择"四大"会计师事务所上市公司的盈余预测精准度更高。

在引入外部审计质量 BIGN 与现金盈余 CFO、应计盈余 ACC 交互项的情况下，现金盈余 CFO、应计盈余 ACC 以及上市公司外部审计质量 BIGN 的回归系数符号以及显著性与在未引入交互项的情况下保持一致，不再一一赘述。同时，现金盈余 CFO 与外部审计质量 BIGN 的回归系数为正（0.592），在 0.1 水平下显著，应计盈余 ACC 与外部审计质量 BIGN 的回归系数为负（0.341），在 0.05 水平下显著。这进一步说明，证券分析师在进行上市公司盈余预测时，关注到了上市公司外部审计质量对盈余持续性的影响，并对其关联作用作出了相应反应，以提高其预测的精准度。从而验证了假设 H6.1。

表 6.23 列示的是 150 天窗口期下上市公司外部审计质量（BIGN）与证券分析师盈余预测分歧度（DISPMEAN）的回归分析结果。列（1）和列（2）分别是引入外部审计质量 BIGN 和外部审计质量 BIGN 与现金盈余 CFO、应计盈余 ACC 交互项的回归结果。两个模型的 Adj - R^2 分别为 0.449 和 0.458，在列（1）模型中，7 个控制变量中有 1 个在 0.01 水平下显著，2 个在 0.05 水平下显著，在列（2）模型中，7 个控制变量中有 1 个在 0.01 水平下显著，2 个在 0.05 水平下显著，两个模型均控制了年度固定效应和行业固定效应。

表 6.23　　　　　　　　外部审计质量与证券分析师盈余预测分歧度

（DV = DISPMEAN）

变量	（1）		（2）	
	Estimate	T – stat.	Estimate	T – stat.
CFO	– 0.661 ***	– 5.797	– 0.646 ***	– 5.606
ACC	– 0.538 ***	– 4.568	– 0.517 ***	– 4.35
BIGN	– 0.005 **	2.536	– 0.017 **	2.779
CFO × BIGN			0.260 *	1.996
ACC × BIGN			0.366 **	2.253
SIZE	– 0.013 **	– 2.583	– 0.014 ***	– 2.628
LEV	0.032	1.183	0.032	1.192
BTM	0.042	1.527	0.041	1.498
EPS	– 0.009	– 1.148	– 0.008	– 1.072
STDROA	0.299 **	2.144	0.293 **	2.097
LOSS	0.426 ***	– 22.231	– 0.426 ***	– 22.219
HORIZON	0.001	0.356	0.001	0.363
Constant	0.443 ***	3.96	0.448 ***	4.001
Industry	Control		Control	
Year	Control		Control	
N	12045		12045	
D. W.	1.920		1.921	
F – value	102.738		99.726	
Adj – R^2	0.449		0.458	

注：统计值已经过 White（1980）异方差稳健性修正；*** 、 ** 、 * 分别表示在 0.01、0.05、0.10 水平下显著。

具体而言，在未引入外部审计质量 BIGN 与现金盈余 CFO、应计盈余 ACC 交互项的情况下，现金盈余 CFO、应计盈余 ACC 的回归系数分别是 – 0.661 和 – 0.538，且均在 0.01 水平下显著，这说明现金盈余与应计盈余的持续性与证券分析师盈余预测分歧度呈负相关关系，且现金盈余与证券分析师盈余预测分歧度的负相关关系要强于应计盈余与证券分析师盈余预测分歧度的负相关关系。同时,上市公司外部审计质量 BIGN 的回归系数为负 (−0.005),且在 0.05 水平下显著,这说明外部审计质量 BIGN 与证券分析师盈余预测分歧度(DISPMEAN)之间存在负相关关系,即与选择非"四大"会计师事务所进行审计的上市公司相比,证券分析师对选择"四大"会计师事务所进行审计的上市公司的盈余预测分歧度较小。

在引入外部审计质量 BIGN 与现金盈余 CFO、应计盈余 ACC 交互项的情况下,现金盈余 CFO、应计盈余 ACC 以及上市公司外部审计质量 BIGN 的回归系数符号以及显著性与在未引入交互项的情况下保持一致,不再一一赘述。同时,现金盈余 CFO 与外部审计质量 BIGN 的回归系数为正 (0.260),在 0.1 水平下显著,应计盈余 ACC 与公司治理水平 CGS 的回归系数为正 (0.366),在 0.05 水平下显著。这进一步说明,证券分析师在进行上市公司盈余预测时,关注到了上市公司外部审计质量对盈余持续性的影响,并对其关联作用做出了相应反应。从而验证了假设 H6.2。

6.3.8 证券分析师关注与证券分析师盈余预测有效性的实证结果分析

表 6.24 列示的是 150 天窗口期下上市公司证券分析师关注 NANA 与证券分析师盈余预测精准度 ACCYMEAN 的回归分析结果。列 (1) 和列 (2) 分别是引入证券分析师关注 NANA 和证券分析师关注 NANA 与现金盈余 CFO、应计盈余 ACC 交互项的回归结果。两个模型的 Adj − R^2 分别为 0.324 和 0.492,在列 (1) 模型中,7 个控制变量中有 6 个在 0.01 水平下显著,1 个在 0.05 水平下显著,在列 (2) 模型中,7 个控制变量中有 5 在 0.01 水平下显著,1 个在 0.05 水平下显著,1 个在 0.1 水平下显著。两个模型均控制了年度固定效应和行业固定效应。

表 6.24　　　　证券分析师关注与证券分析师盈余预测精准度

(DV = ACCYMEAN)

变量	(1)		(2)	
	Estimate	T – stat.	Estimate	T – stat.
CFO	0.335 ***	4.04	0.455 ***	2.284
ACC	0.296 ***	3.493	0.323 ***	2.915
NANA	0.017 ***	6.697	0.032 ***	8.752
CFO × NANA			0.288 ***	6.482
ACC × NANA			0.251 ***	6.857
SIZE	0.015 ***	3.624	0.013 ***	2.656
LEV	– 0.051 ***	– 2.739	– 0.050 **	– 2.3
BTM	– 0.083 ***	– 4.019	– 0.077 ***	– 3.165
EPS	0.023 ***	4.106	0.029 ***	4.476
STDROA	– 0.486 ***	– 5.073	– 0.706 ***	– 6.298
LOSS	– 0.029 **	– 2.176	– 0.114 ***	– 7.032
HORIZON	0.008 ***	3.561	0.005 *	1.916
Constant	– 0.480 ***	– 5.728	– 0.381 ***	– 3.865
Industry	Control		Control	
Year	Control		Control	
N	13115		13115	
D. W.	1.912		1.918	
F – value	82.007		117.824	
Adj – R^2	0.324		0.492	

注：统计值已经过 White（1980）异方差稳健性修正；*** 、** 、* 分别表示在 0.01、0.05、0.10 水平下显著。

　　具体而言，在未引入证券分析师关注 NANA 与现金盈余 CFO、应计盈余 ACC 交互项的情况下，现金盈余 CFO、应计盈余 ACC 的回归系数分别是 0.335 和 0.296，且均在 0.01 水平下显著，这说明现金盈余与应计盈余的持续性与证券分析师盈余预测精度呈正相关关系，且现金盈余与证券分析师盈余预测精准度的正相关关系要强于应计盈余与证券分析师盈余预测精准度的正相关关系。同时，上市公司证券分析师关注NANA的回归系数为正（0.017），且在0.01水平下显著，这说明证券分析师关注NANA与证券分析师盈余预测精准度（ACCYMEAN）之间存在正相关关系，即对上市公司的关注度越高，证券分析师对上市公司的盈余预测精准度越高。

　　在引入证券分析师关注NANA与现金盈余CFO、应计盈余ACC交互项的情况下，现金盈余CFO、应计盈余ACC以及上市公司证券分析师关注NANA的回归系数符号以及显著性与在未引入交互项的情况下保持一致，不再一一赘述。同时，现金盈余CFO与证券分析师关注NANA的回归系数为正（0.288），在0.01水平下显著，应计盈余ACC与证券分析师关注NANA的回归系数为正（0.251），在0.01水平下显著。这进一步说明，证券分析师在进行上市公司盈余预测时，关注到了上市公司分析师关注度对盈余持续性的影响，并对其关联作用作出了相应反应，以提高其预测的精准度。从而验证了假设H8.1。

　　表6.25列示的是150天窗口期下上市公司证券分析师关注NANA与证券分析师盈余预测分歧度（DISPMEAN）的回归分析结果。列（1）和列（2）分别是引入证券分析师关注NANA和证券分析师关注NANA与现金盈余CFO、应计盈余ACC交互项的回归结果。两个模型的 Adj – R^2 分别为0.451和0.457，在列（1）模型中，7个控制变量中有2个在0.01水平下显著，1个在0.05水平下显著，1个在0.1水平下显著；在列（2）模型中，7个控制变量中有2个在0.01水平下显著，1个在0.05水平下显著，两个模型均控制了年度固定效应和行业固定效应。

表 6.25　　　证券分析师关注与证券分析师盈余预测分歧度

（DV = DISPMEAN）

变量	（1）		（2）	
	Estimate	T – stat.	Estimate	T – stat.
CFO	− 0.683 ***	− 5.913	− 0.259 **	− 3.364
ACC	− 0.557 ***	− 4.697	− 0.119 *	− 2.097
NANA	− 0.004 *	− 1.968	− 0.012 **	− 2.695
CFO × NANA			0.135 ***	− 2.846
ACC × NANA			0.176 ***	− 3.401
SIZE	− 0.016 ***	− 2.864	− 0.016 ***	− 2.862
LEV	0.032	1.192	0.033	1.233
BTM	0.052 *	1.799	0.042	1.43
EPS	− 0.009	− 1.241	− 0.006	− 0.787
STDROA	0.317 **	2.257	0.318 **	2.268
LOSS	0.427 ***	22.258	0.410 ***	20.7
HORIZON	0.001	0.342	0.001	0.387
Constant	0.489 ***	4.187	0.463 ***	3.94
Industry	Control		Control	
Year	Control		Control	
N	12045		12045	
D. W.	1.920		1.921	
F – value	101.636		102.95	
Adj – R^2	0.451		0.457	

　　注：统计值已经过 White（1980）异方差稳健性修正；*** 、** 、* 分别表示在 0.01、0.05、0.10 水平下显著。

具体而言，在未引入证券分析师关注 NANA 与现金盈余 CFO、应计盈余 ACC 交互项的情况下，现金盈余 CFO、应计盈余 ACC 的回归系数分别是 -0.683 和 -0.557，且均在 0.01 水平下显著，这说明现金盈余与应计盈余的持续性与证券分析师盈余预测分歧度呈负相关关系，且现金盈余与证券分析师盈余预测分歧度的负相关关系要强于应计盈余与证券分析师盈余预测分歧度的负相关关系。同时，上市公司证券分析师关注 NANA 的回归系数为负（-0.004），且在 0.1 水平下显著，这说明证券分析师关注 NANA 与证券分析师盈余预测分歧度（DISPMEAN）之间存在负相关关系，即对上市公司的关注度越高，证券分析师对上市公司的盈余预测分歧度较小。

在引入证券分析师关注 NANA 与现金盈余 CFO、应计盈余 ACC 交互项的情况下，现金盈余 CFO、应计盈余 ACC 以及上市公司证券分析师关注 NANA 的回归系数符号以及显著性与在未引入交互项的情况下保持一致，不再一一赘述。同时，现金盈余 CFO 与证券分析师关注 NANA 的回归系数为正（0.135），在 0.01 水平下显著，应计盈余 ACC 与证券分析师关注 NANA 的回归系数为正（0.176），在 0.01 水平下显著。这进一步说明，证券分析师在进行上市公司盈余预测时，关注到了上市公司证券分析师关注程度对盈余持续性的影响，并对其关联作用作出了相应反应。从而验证了假设 H8.2。

6.4　稳健性检验

由于相关替代变量的选取以及估计会存在一定的误差，会对上文实证模型的稳定性以及实证结果的可靠性造成影响，因此，本书从改变会计盈余替代变量、变更证券分析师盈余预测精准度和分歧度估计方法、变换证券分析师盈余预测时间窗口等方面进行稳健性检验，以确保模型构建的稳健性以及结论的可靠性。

6.4.1　变更会计盈余代理变量

主模型分析用主营业务资产收益率 MROA 作为会计盈余的替代变量，来检验公司产权性质、公司治理水平、外部审计质量与证券分析师关注对盈余持续性的影响。为检验模型的稳定性和保证结论的可靠性，本部分稳健性分析用总资产收益率 ROA 作为会计盈余的替代变量，来检验公司产权性质、公司治理水平、外部审计质量与证券分析师关注对盈余持续性的影响。

表 6.26 列示的是以总资产收益率 ROA 为会计盈余替代变量，公司产权性质和盈余持续性年度回归结果。从全样本回归模型看，总资产收益率 ROA 的回归系数为正（0.147），且在 0.05 水平下显著，这说明前后两期的会计盈余存在显著的正向相关性，即前后两期的会计盈余持续性较好。同时，产权性质 SOE 的回归系数为负（-0.004），且在 0.01 水平下显著，这说明与非国有背景上市公司相比，国有企业上市公司的盈余水平较低；而产权性质 SOE 和总资产收益率 ROA 的交互项系数为负（-0.048），且在 0.05 水平下显著，这说明，与非国有背景上市公司相比，国有企业上市公司的会计盈余持续性较差。从年度样本回归结果来看，回归结果与全样本回归结果完全一致，整体而言，稳健性检验结果与主模型结果基本一致，说明产权性质确实对会计盈余持续性存在影响，即国有背景上市公司由于其代理关系复杂、企业目标过于多元等原因导致其盈余持续性要差于非国有背景的上市公司。

表 6.26 公司产权性质和盈余持续性年度回归结果（DV = ROALEAD）

变量	全样本	2007 年	2008 年	2009 年	2010 年	2011 年	2012 年	2013 年	2014 年	2015 年
ROA	0.147**	0.651**	2.040***	0.429**	0.739**	0.648**	1.808***	0.309**	0.325**	1.566***
SOE	-0.004***	-0.007**	-0.010**	-0.001*	-0.009**	-0.005*	-0.002	-0.002*	-0.005*	-0.005**
ROA×SOE	-0.048**	-0.093**	-0.044*	-0.047	-0.137***	-0.107***	-.064*	-0.029*	0.038	0.053
SIZE	0.005***	0.005**	0.013***	0.008***	0.007***	0.001	0.008	0.008***	0.001	-0.001
ROA×SIZE	0.028***	0.004	-0.065***	0.018	0.001	0.062***	0.121***	0.024	0.049**	0.112***
LEV	-0.017***	-0.008	-0.039***	-0.005	-0.034***	-0.005	-0.009	-0.278***	-0.007	-0.013**
ROA×LEV	-0.328***	-0.527***	-0.352***	-0.454***	-0.064	-0.329***	-0.505***	-0.320***	-0.062	-0.443***
BTM	-0.025***	-0.040**	-0.035***	-0.046***	-0.014	-0.030***	-0.008	-0.029***	-0.015*	-0.002
ROA×BTM	0.108***	0.318	0.252**	0.183	-0.178	-0.015	0.322***	0.063	0.222*	-0.263*
LOSS	0.001	-0.027**	0.002	0.009	-0.011	-0.002	0.013***	0.008	0.002	-0.008*
ROA×LOSS	-0.547***	-0.543***	-0.543***	-0.486***	-0.839***	-0.394***	-0.335***	-0.438***	-0.076**	-0.598***
Constant	-0.103***	-0.100*	-0.238***	-0.123***	-0.123***	-0.023	-0.013	-0.157***	-0.049	0.047
Year	Control	NO	NO	NO	NO	NO	NO	NO	NO	NO
Industry	Control	Control	Control	Control	Control	Control	Control	Control	Control	Control
N	16088	1384	1502	1567	1776	1922	2005	1979	1973	1980
D.W.	2.043	1.927	1.931	2.027	2.018	1.912	2.026	1.949	2.012	2.001
F - value	179.709	14.107	16.638	23.674	26.318	27.098	31.229	32.898	32.918	28.575
Adj - R²	0.408	0.339	0.36	0.439	0.435	0.423	0.449	0.465	0.466	0.429

注：统计值已经过 White（1980）异方差稳健性修正；***、**、*分别表示在 0.01、0.05、0.10 水平下显著。

表 6.27 列示的是产权性质与现金盈余和应计盈余持续性检验的回归结果。从产权性质 SOE 的分组样本回归结果来看，非国有背景上市公司样本组中现金盈余和应计盈余的回归系数要显著大于国有背景上市公司样本组现金盈余和应计盈余的回归系数。从全样本回归模型看，产权性质和现金盈余和应计盈余的回归系数均为负，且分别在 0.01、0.1 水平下显著，这说明产权性质同样对现金盈余、应计盈余的持续性存在负向影响，即与非国有背景上市公司相比，国有上市公司的现金盈余、应计盈余的持续性较弱。这与主模型的回归结果完全一致，表明模型构建及实证结论具有一定稳健性。

表 6.27   产权性质与现金盈余和应计盈余持续性检验

(DV = ROALEAD)

变量	SOE = 0		SOE = 1		全样本	
	Estimate	T − stat.	Estimate	T − stat.	Estimate	T − stat.
Constant	− 0.167 ***	− 8.475	− 0.121 ***	− 8.435	− 0.128 ***	− 11.182
CFO	0.540 ***	2.615	0.699 ***	4.111	0.595 ***	4.591
ACC	0.365 *	1.775	0.632 ***	3.54	0.446 ***	3.392
SOE					− 0.005 ***	− 5.097
CFO × SOE					− 0.024 *	− 1.783
ACC × SOE					− 0.010 *	− 1.75
Controls Included	Control		Control		Control	
Year	Control		Control		Control	
Industry	Control		Control		Control	
N	7822		8266		16088	
D. W.	2.039		2.023		2.037	
F − value	79.806		98.162		167.907	
Adj − R^2	0.396		0.425		0.414	

注：统计值已经过 White（1980）异方差稳健性修正；***、**、* 分别表示在 0.01、0.05、0.10 水平下显著。

　　表 6.28 列示的是以总资产收益率 ROA 为会计盈余替代变量，公司治理水平和盈余持续性年度回归结果。从全样本回归模型看，总资产收益率 ROA 的回归系数为正（0.209），且在 0.05 水平下显著，这说明前后两期的会计盈余存在显著的正向相关性，即前后两期的会计盈余持续性较好。同时，公司治理水平 CGS 的回归系数为负（–0.017），且在 0.1 水平下显著，这说明与治理水平高的上市公司样本相比，治理水平低的上市公司样本的盈余水平较低；而公司治理水平 CGS 和总资产收益率 ROA 的交互项系数为负（–0.013），且在 0.05 水平下显著，这说明与治理水平高的上市公司相比，治理水平低的上市公司的会计盈余持续性较差。从年度样本回归结果来看，回归结果与全样本回归结果完全一致，整体而言，稳健性检验结果与主模型结果基本一致，说明上市公司治理水平确实对会计盈余持续性存在影响，即较高的上市公司治理水平能够保证会计信息质量，进而提升了会计盈余的持续性。

　　表 6.29 列示的是公司治理水平与现金盈余和应计盈余持续性检验的回归结果。从公司治理水平 CGS 的分组样本回归结果来看，公司治理水平高的上市公司样本组中现金盈余和应计盈余的回归系数要显著大于公司治理水平高的上市公司样本组现金盈余和应计盈余的回归系数。从全样本回归模型看，治理水平与现金盈余和应计盈余的回归系数均为负，均在 0.05 水平下显著，这说明公司治理水平同样对现金盈余、应计盈余的持续性存在负向影响，即与公司治理水平较高的上市公司相比，公司治理水平较低的上市公司的现金盈余、应计盈余的持续性较弱。这与主模型的回归结果完全一致，表明模型构建及实证结论具有一定稳健性。

表 6.28 公司治理水平和盈余持续性年度回归结果（DV = ROALEAD）

变量	全样本	2007 年	2008 年	2009 年	2010 年	2011 年	2012 年	2013 年	2014 年	2015 年
ROA	0.209**	0.757**	1.834***	0.143*	0.495**	1.326***	1.380***	0.644**	0.397**	2.008***
CGS	-0.017*	-0.006*	-0.003*	-0.002	0.001	-0.007**	-0.008***	-0.006**	-0.002	-0.002*
ROA×CGS	-0.013**	-0.087*	0.071	-0.094***	-0.029	-0.116***	-0.137***	-0.152***	-0.039*	-0.010*
SIZE	0.004***	0.005*	0.011***	0.007***	0.006***	0.004	0.029	0.009***	0.001	0.001
ROA×SIZE	0.035***	-0.002	0.055***	0.03	0.014	0.094***	0.103***	0.008	0.053**	0.133***
LEV	-0.018***	-0.019*	-0.033***	-0.005	-0.034***	-0.007	-0.008	-0.030***	-0.01	-0.017***
ROA×LEV	-0.285***	-0.304***	-0.268***	-0.458***	-0.027	-0.325***	-0.508***	-0.261***	0.005	-0.432***
BTM	-0.024***	-0.036**	-0.034***	-0.048***	-0.014	-0.028***	-0.006	-0.032***	-0.011	-0.005
ROA×BTM	0.110***	0.298	0.245**	0.217	-0.151	-0.034	0.307***	0.117	0.187	-0.270**
LOSS	0.001	-0.026**	0.001	0.01	-0.015**	-0.001	0.011**	0.009*	0.007	-0.006
ROA×LOSS	-0.552***	-0.677***	-0.623***	-0.457***	-0.867***	-0.343***	-0.398	-0.418***	-0.792**	-0.534***
Constant	-0.093***	-0.092*	-0.195***	-0.118***	-0.098**	0.015	-0.014	-0.169***	-0.033	0.056
Year	Control	NO	NO	NO	NO	NO	NO	NO	NO	NO
Industry	Control	Control	Control	Control	Control	Control	Control	Control	Control	Control
N	15917	1354	1464	1545	1741	1900	2015	2003	1964	1931
D. W.	2.049	1.966	1.944	2.017	2.015	1.918	2.04	1.946	1.994	1.959
F – value	174.254	14.298	16.329	22.98	25.088	26.055	30.722	33.003	30.85	26.144
Adj – R^2	0.407	0.351	0.366	0.439	0.45	0.421	0.448	0.468	0.455	0.417

注：统计值已经过 White (1980) 异方差稳健性修正；***、**、*分别表示在 0.01、0.05、0.10 水平下显著。

表 6.29　　　公司治理水平与现金盈余和应计盈余持续性检验

（DV = ROALEAD）

变量	CGS = 0		CGS = 1		全样本	
	Estimate	T – stat.	Estimate	T – stat.	Estimate	T – stat.
Constant	− 0.102 ***	− 8.141	− 0.158 ***	− 5.941	− 0.115 ***	− 9.96
CFO	0.711 ***	4.883	0.439 **	2.585	0.613 ***	4.722
ACC	0.460 ***	3.091	0.465 *	1.706	0.462 ***	3.511
SOE					− 0.005 **	− 2.961
CFO × SOE					− 0.015 **	− 3.006
ACC × SOE					− 0.006 **	− 2.457
Controls Included	Control		Control		Control	
Year	Control		Control		Control	
Industry	Control		Control		Control	
N	11531		4386		15917	
D.W.	1.988		36.927		2.043	
F – value	140.826		2.062		163.794	
Adj – R²	0.445		0.351		0.414	

注：统计值已经过 White（1980）异方差稳健性修正；*** 、** 、* 分别表示在 0.01、0.05、0.10 水平下显著。

　　表 6.30 列示的是以总资产收益率 ROA 为会计盈余替代变量，上市公司外部审计质量和盈余持续性年度回归结果。从全样本回归模型看，总资产收益率 ROA 的回归系数为正（0.136），且在 0.05 水平下显著，这说明前后两期的会计盈余存在显著的正向相关性，即前后两期的会计盈余持续性较好。同时，上市公司外部审计质量 BIGN 的回归系数为正（0.001），且在 0.1 水平下显著，这说明与选择代表低审计质量的非"四大"会计师事务所审计的上市公司样本相比，选择高审计质量的"四大"会计师事务所的上市公司样本的盈余水平较高；而外部审计质量 BIGN 和总资产收益率 ROA 的交互项系数为正（0.022），且在 0.05 水平下显著，这说明与外部审计质量低的上市公司相比，外部审计质量高

表 6.30 上市公司外部审计质量和盈余持续性年度回归结果 （DV = ROALEAD）

变量	全样本	2007 年	2008 年	2009 年	2010 年	2011 年	2012 年	2013 年	2014 年	2015 年
ROA	0.136 **	0.674 ***	2.251 ***	0.118 **	0.607 ***	0.760 **	1.748 ***	0.118 *	0.558 **	2.084 ***
BIGN	0.001 *	0.019 *	0.001	0.004 **	0.008 *	0.013 **	0.003	0.002	0.009	0.006
ROA × BIGN	0.022 **	0.116 **	0.102 *	0.145 *	0.124 **	0.197 **	0.075	0.092	0.096	0.161 *
SIZE	0.005 ***	0.006 ***	0.012 ***	0.007 ***	0.006 ***	0.001	0.001	0.008 ***	0.007	− 0.001
ROA × SIZE	0.036 ***	0.004	− 0.075 ***	0.033	0.008	0.068 ***	0.118 ***	0.03	0.061 ***	0.137 ***
LEV	− 0.017 ***	− 0.008	− 0.036 ***	− 0.006	− 0.035 ***	− 0.006	− 0.008	− 0.031 ***	− 0.009	− 0.017 ***
ROA × LEV	− 0.298 ***	− 0.475 ***	− 0.309 ***	− 0.442 ***	− 0.034	− 0.308 ***	− 0.528 ***	− 0.262 ***	− 0.005	− 0.434 ***
BTM	− 0.025 ***	− 0.045 ***	− 0.037 ***	− 0.046 ***	− 0.013	− 0.031 ***	− 0.007	− 0.032 ***	− 0.009	− 0.004
ROA × BTM	0.113 ***	0.369 *	0.282 ***	0.173	− 0.167	− 0.003	0.310 ***	0.087	0.157	− 0.270 **
LOSS	− 0.001	− 0.028 ***	− 0.002	− 0.009	− 0.014 *	− 0.003	− 0.012 **	− 0.010 **	− 0.001	− 0.005
ROA × LOSS	− 0.542 ***	− 0.591 ***	− 0.583 ***	− 0.470 ***	− 0.876 ***	− 0.366 ***	− 0.358 ***	− 0.399 ***	− 0.784 ***	− 0.553 ***
Constant	− 0.096 ***	− 0.120 **	− 0.219 ***	− 0.117 ***	− 0.114 **	− 0.026	0.001	− 0.153 ***	− 0.014	0.060 *
Year	Control	NO	NO	NO	NO	NO	NO	NO	NO	NO
Industry	Control	Control	Control	Control	Control	Control	Control	Control	Control	Control
N	16221	1387	1505	1571	1782	1928	2018	2005	2006	2019
D. W.	2.049	1.934	1.933	2.013	2.018	1.902	2.032	1.949	1.994	1.957
F − value	180.189	14.189	16.508	23.806	26.058	27.066	31.03	33.201	33.012	29.062
Adj − R²	0.407	0.339	0.381	0.44	0.432	0.422	0.446	0.465	0.463	0.429

注：统计值已经过 White （1980） 异方差稳健性修正； ***， **， * 分别表示在 0.01、0.05、0.10 水平下显著。

的上市公司的会计盈余持续性较好。从年度样本回归结果来看，回归结果与全样本回归结果完全一致，整体而言，稳健性检验结果与主模型结果基本一致，说明上市公司外部审计质量水平确实对会计盈余持续性存在影响，即较高的外部审计质量能够保证会计信息的质量，进而提升了会计盈余的持续性。

表 6.31 列示的是外部审计质量与现金盈余和应计盈余持续性的回归结果。从外部审计质量 BIGN 的分组样本回归结果来看，外部审计质量高样本组中现金盈余和应计盈余的回归系数要显著大于审计质量低样本组现金盈余和应计盈余的回归系数。从全样本回归模型看，外部审计质量与现金盈余和应计盈余的回归系数均为正，均在 0.05 水平下显著，这说明外部审计质量同样对现金盈余、应计盈余的持续性存在正向影响，即外部审计质量低的上市公司相比，外部审计质量高的上市公司的现金盈余、应计盈余的持续性较强。这与主模型的回归结果完全一致。

表 6.31　　　外部审计质量与现金盈余和应计盈余持续性检验
(DV = ROALEAD)

变量	BIGN = 0		BIGN = 1		全样本	
	Estimate	T – stat.	Estimate	T – stat.	Estimate	T – stat.
Constant	− 0.127 ***	− 10.044	− 0.016	− 0.484	− 0.117 ***	− 9.907
CFO	0.462 ***	3.354	1.380 **	3.252	0.528 ***	4.03
ACC	0.384 ***	2.786	1.497 **	3.214	0.401 ***	3.04
BIGN					0.008 **	3.261
CFO × BIGN					0.035 **	3.177
ACC × BIGN					0.021 **	2.635
Controls Included	Control		Control		Control	
Year	Control		Control		Control	

变量	BIGN = 0		BIGN = 1		全样本	
	Estimate	T – stat.	Estimate	T – stat.	Estimate	T – stat.
Industry	Control		Control		Control	
N	15200		1021		16221	
D. W.	1. 86		1. 789		1. 857	
F – value	181. 075		33. 238		191. 415	
Adj – R^2	0. 435		0. 612		0. 444	

注：统计值已经过 White（1980）异方差稳健性修正；***、**、* 分别表示在 0.01、0.05、0.10 水平下显著。

表 6.32 列示的是以总资产收益率 ROA 为会计盈余替代变量，证券分析师关注和盈余持续性年度回归结果。从全样本回归模型看，总资产收益率 ROA 的回归系数为正（0.163），且在 0.05 水平下显著，这说明前后两期的会计盈余存在显著的正向相关性，即前后两期的会计盈余持续性较好。同时，证券分析师关注 NANA 的回归系数为正（0.004），且在 0.01 水平下显著，这说明证券分析师对上市公司跟踪越多，即关注度越高，则上市公司的盈余越高；而证券分析师关注 NANA 和总资产收益率 ROA 的交互项系数为正（0.019），且在 0.05 水平下显著，这说明与证券分析师关注越高，上市公司的会计盈余持续性越好。从年度样本回归结果来看，回归结果与全样本回归结果完全一致，整体而言，稳健性检验结果与主模型结果基本一致，说明证券分析师对上市公司的关注度确实对会计盈余持续性存在影响，即证券分析师关注能够发挥一定的监督作用，能够保证会计信息质量，进而提升了会计盈余的持续性。

表6.32　证券分析师关注和盈余持续性年度回归结果（DV = ROALEAD）

变量	全样本	2007 年	2008 年	2009 年	2010 年	2011 年	2012 年	2013 年	2014 年	2015 年
ROA	0.163 **	0.095 **	1.410 ***	0.405 *	0.755 **	0.566 **	0.448	0.693 *	0.182 *	1.233 ***
NANA	0.004 ***	0.002 *	0.003 *	0.004 ***	0.002	0.001	0.002 *	0.001	0.005 ***	0.008 ***
ROA × NANA	0.019 **	0.093 **	0.004	0.015	0.044 **	0.059 ***	0.013	0.025	0.036 **	0.066 ***
SIZE	0.002 **	-0.011 ***	0.003	0.001	0.001	0.002	0.001	0.001	-0.003	0.003 *
ROA × SIZE	0.028 **	0.009	-0.034	0.018	0.007	0.005	0.060 **	0.001	0.033	0.105 ***
LEV	-0.001	0.002	-0.020 **	-0.016 **	-0.005 *	0.003	-0.021 **	0.002	-0.005	-0.004
ROA × LEV	-0.166 ***	-0.001	0.006	-0.604 ***	-0.094	-0.096	0.087	-0.15	-0.007 **	-0.416 ***
BTM	-0.012 ***	-0.039 *	-0.019 *	-0.038 ***	-0.008	-0.020 **	0.006	-0.025 ***	-0.008	-0.007
ROA × BTM	-0.055	0.185	-0.087	0.119	-0.125	0.05	-0.106	0.143	0.109	-0.167
LOSS	-0.003	-0.076 ***	-0.001	0.017 **	-0.004	-0.031 ***	0.006	0.003	-0.006	-0.002
ROA × LOSS	-0.579 ***	-0.329 *	-0.678 ***	-0.124	-0.391 **	-0.811 ***	-0.367 ***	-0.614 ***	-0.785 ***	-0.679 ***
Constant	0.042 ***	0.231 ***	-0.048	0.032	0.033	0.040 *	0.007	-0.009	0.014	0.077 **
Year	Control	NO	NO	NO	NO	NO	NO	NO	NO	NO
Industry	Control	Control	Control	Control	Control	Control	Control	Control	Control	Control
N	12050	794	1088	1245	1401	1533	1481	1434	1500	1574
D. W.	1.932	1.803	1.988	1.964	2.061	1.914	1.956	2.001	2.024	2.045
F - value	205.555	16.358	18.358	31.411	32.7	38.57	37.168	35.994	37.815	28.302
Adj - R^2	0.513	0.502	0.458	0.569	0.545	0.565	0.565	0.569	0.570	0.484

注：统计值已经过 White（1980）异方差稳健性修正；***、**、* 分别表示在 0.01、0.05、0.10 水平下显著。

　　表 6.33 列示的是证券分析师关注与现金盈余和应计盈余持续性检验的回归结果。从证券分析师关注 NANA 的分组样本回归结果来看，证券分析师强关注高样本组中现金盈余和应计盈余的回归系数要显著大于证券分析师低关注样本组现金盈余和应计盈余的回归系数。从全样本回归模型看，证券分析师关注与现金盈余和应计盈余的交互项回归系数均为正，均在 0.01 水平下显著，这说明证券分析师关注同样对现金盈余、应计盈余的持续性存在正向影响，即与证券分析师低关注度的上市公司相比，证券分析师强关注的上市公司的现金盈余、应计盈余的持续性较强。这与主模型的回归结果完全一致。

表 6.33　　　证券分析师关注与现金盈余和应计盈余持续性检验
（DV = ROALEAD）

变量	DNANA = 0		DNANA = 1		全样本	
	Estimate	T − stat.	Estimate	T − stat.	Estimate	T − stat.
Constant	0.009	0.433	− 0.047 ***	− 2.762	− 0.046 ***	− 3.887
CFO	0.845 ***	4.344	1.105 ***	4.117	0.925 ***	6.877
ACC	0.632 ***	2.649	0.781 ***	4.337	0.716 ***	4.912
NANA					0.007 ***	5.631
CFO × NANA					0.089 ***	7.476
ACC × NANA					0.055 ***	4.009
Controls Included	Control		Control		Control	
Year	Control		Control		Control	
Industry	Control		Control		Control	
N	6060		5990		12050	
D. W.	1.984		1.938		1.942	
F − value	49.941		140.111		187.213	
Adj − R^2	0.344		0.602		0.509	

　　注：统计值已经过 White（1980）异方差稳健性修正；*** 、 ** 、 * 分别表示在 0.01、0.05、0.10 水平下显著。

6.4.2　变更盈余预测有效性代理变量

相关文献研究表明，当证券分析师尽可能提高预测准确性以最小化预测误差的时候，盈余预测的分布是有偏的，也就是说，盈余预测均值和盈余预测中位数不相等；另外，实际会计盈余本身就是有偏分布，进而导致分析师盈余预测也呈现有偏分布。因此，为提高证券分析师预测质量，最大程度减小盈余预测误差，预测值应该采用预测中位数而非均值（Lim，2001；Gu & Wu，2003；李扬、刘刚，2016）。因此，本书采用证券分析师预测中值作为盈余预测值，重新测算盈余预测精准度与盈余预测分歧度，用以本书的稳健性检验。

表 6.34 ~ 表 6.37 分别列示的是以 ACCYMED 为证券分析师盈余预测精准度替代变量，考察公司产权性质、公司治理水平、外部审计质量和证券分析师关注与盈余预测精准度之间关系的回归分析结果。

如表 6.34 所示，对公司产权性质与证券分析师盈余预测精准度的检验，在未引入产权性质与现金盈余、应计盈余交互项前，产权性质与盈余预测精准度的回归系数为负，且在 0.05 水平下显著，这说明产权性质对证券分析师盈余预测精准度存在负向影响。在引入产权性质与现金盈余、应计盈余交互项后，产权性质回归系数仍为负，且在 0.01 水平下显著，两个交互项回归系数均为负，且均在 0.01 水平下显著，这说明产权性质能够通过影响盈余持续性对盈余预测精准度产生负向影响，即弱化盈余持续性与盈余精准度之间正向相关性，这与主模型回归结果保持一致。

表 6.34　　　　　　公司产权性质与证券分析师盈余预测精准度

(DV = ACCYMED)

变量	(1)		(2)	
	Estimate	T – stat.	Estimate	T – stat.
Constant	– 0. 164 **	– 2. 231	– 0. 173 **	– 2. 348
CFO	0. 245 ***	2. 976	0. 354 ***	3. 997
ACC	0. 221 ***	2. 621	0. 354 ***	3. 811
SOE	– 0. 004 **	– 2. 569	– 0. 020 **	2. 502
CFO × SOE			– 0. 348 ***	– 3. 346
ACC × SOE			– 0. 399 ***	– 3. 662
Controls Included	Control		Control	
Industry	Control		Control	
Year	Control		Control	
N	13115		13115	
D. W.	1. 910		1. 912	
F – value	73. 646		73. 622	
Adj – R^2	0. 283		0. 292	

注：统计值已经过 White（1980）异方差稳健性修正；***、**、* 分别表示在 0.01、0.05、0.10 水平下显著。

如表 6.35 所示，对公司治理水平与证券分析师盈余预测精准度的检验，在未引入治理水平与现金盈余、应计盈余交互项前，公司治理水平与盈余预测精准度的回归系数为负，且在 0.05 水平下显著，这说明公司治理水平对证券分析师盈余预测精准度存在负向影响。在引入公司治理水平与现金盈余、应计盈余交互项后，公司治理水平回归系数仍为负，且在 0.1 水平下显著，两个交互项回归系数均为负，且均在 0.1 水平下显著，这说明公司治理水平能够通过影响盈余持续性对盈余预测精准度产生负向影响，即弱化盈余持续性与盈余精准度之间正向相关性，这与主模型回归结果保持一致。

表 6.35　　　　　　公司治理水平与证券分析师盈余预测精准度

（ DV = ACCYMED ）

变量	（1）		（2）	
	Estimate	T – stat.	Estimate	T – stat.
Constant	− 0.177 **	− 2.405	− 0.181 **	− 2.464
CFO	0.243 ***	2.964	0.296 ***	3.33
ACC	0.221 ***	2.623	0.274 ***	2.998
CGS	− 0.006 *	− 1.912	− 0.015 *	− 1.941
CFO × CGS			− 0.176 *	− 1.515
ACC × CGS			− 0.174 *	− 1.441
Controls Included	Control		Control	
Industry	Control		Control	
Year	Control		Control	
N	13115		13115	
D. W.	1.910		1.912	
F – value	73.734		71.769	
Adj – R^2	0.283		0.284	

注：统计值已经过 White（1980）异方差稳健性修正；*** 、** 、* 分别表示在 0.01、0.05、0.10 水平下显著。

如表 6.36 所示，对外部审计质量与证券分析师盈余预测精准度的检验，在未引入外部审计质量与现金盈余、应计盈余交互项前，外部审计质量与证券分析师盈余预测精准度的回归系数为正，且在 0.05 水平下显著，这说明外部审计质量对分析师盈余预测精准度存在正向影响。在引入外部审计质量与现金盈余、应计盈余交互项后，外部审计质量回归系数仍为正，且在 0.05 水平下显著，两个交互项回归系数均为正，且均在 0.05 水平下显著，这说明外部审计质量能够通过影响盈余持续性对盈余预测精准度产生负向影响，即强化盈余持续性与盈余精准度之间正向相关性，这与主模型回归结果保持一致。

表 6.36　　　　　**外部审计质量与证券分析师盈余预测精准度**

（DV = ACCYMED）

变量	（1）		（2）	
	Estimate	T – stat.	Estimate	T – stat.
Constant	– 0.183 **	– 2.309	– 0.190 **	– 2.396
CFO	0.248 ***	3.025	0.235 ***	2.838
ACC	0.228 ***	2.706	0.206 **	2.424
BIGN	0.018 **	2.973	0.207 **	2.42
CFO × BIGN			0.467 **	2.38
ACC × BIGN			0.046 **	2.05
Controls Included	Control		Control	
Industry	Control		Control	
Year	Control		Control	
N	13115		13115	
D. W.	1.912		1.912	
F – value	74.818		73.124	
Adj – R^2	0.293		0.294	

注：统计值已经过 White（1980）异方差稳健性修正；*** 、** 、* 分别表示在 0.01、0.05、0.10 水平下显著。

如表 6.37 所示，对证券分析师关注与证券分析师盈余预测精准度的检验，在未引入证券分析师关注与现金盈余、应计盈余交互项前，证券分析师关注与证券分析师盈余预测精准度的回归系数为正，且在 0.01 水平下显著，这说明证券分析师关注对证券分析师盈余预测精准度存在正向影响。在引入证券分析师关注与现金盈余、应计盈余交互项后，证券分析师关注回归系数仍为正，且在 0.01 水平下显著，两个交互项回归系数均为正，且均在 0.01 水平下显著，这说明证券分析师关注能够通过影响盈余持续性对盈余预测精准度产生负向影响，即强化盈余持续性与盈余精准度之间正向相关性，这与主模型回归结果保持一致。

表 6.37　　　　　证券分析师关注与证券分析师盈余预测精准度

（DV = ACCYMED）

变量	（1）		（2）	
	Estimate	T – stat.	Estimate	T – stat.
Constant	– 0.480 ***	– 5.728	– 0.440 ***	– 5.231
CFO	0.335 ***	4.04	0.328 **	2.528
ACC	0.296 ***	3.493	0.490 **	3.679
NANA	0.017 ***	– 6.697	0.030 ***	9.486
CFO × NANA			0.272 ***	6.742
ACC × NANA			0.223 ***	7.608
Controls Included	Control		Control	
Industry	Control		Control	
Year	Control		Control	
N	13115		13115	
D. W.	1.912		1.909	
F – value	82.007		89.32	
Adj – R^2	0.308		0.324	

注：统计值已经过 White （1980） 异方差稳健性修正；*** 、 ** 、 * 分别表示在 0.01、0.05、0.10 水平下显著。

　　表 6.38 ~ 表 6.41 分别列示的是以 DISPMED 为证券分析师盈余预测分歧度替代变量，考察公司产权性质、公司治理水平、外部审计质量和证券分析师关注与盈余预测分歧度之间关系的回归分析结果。

　　如表 6.38 所示，对公司产权性质与证券分析师盈余预测分歧度的检验，在未引入产权性质与现金盈余、应计盈余交互项前，产权性质与盈余预测分歧度的回归系数为正，且在 0.1 水平下显著，这说明产权性质对分析师盈余预测分歧度存在正向影响。在引入产权性质与现金盈余、应计盈余交互项后，产权性质回归系数仍为正，且在 0.1 水平下显著，两个交互项回归系数均为负，分别在 0.05、0.1 水平下显著，这说明产权性质能够通过影响盈余持续性对盈余预测分歧度产生负向影响，即强化盈余持续性与盈余分歧度之间负向相关性，这与主模型回归结果保持一致。

表 6.38　　　　公司产权性质与证券分析师盈余预测分歧度
（DV = DISPMED）

变量	（1）		（2）	
	Estimate	T – stat.	Estimate	T – stat.
Constant	0.378 ***	2.666	0.374 ***	2.637
CFO	− 1.108 ***	− 7.254	− 1.085 ***	− 6.604
ACC	− 1.004 ***	− 6.372	− 1.046 ***	− 6.055
SOE	0.019 *	1.981	0.022 *	1.933
CFO × SOE			− 0.062 **	− 2.319
ACC × SOE			− 0.084 *	2.41
Controls Included	Control		Control	
Industry	Control		Control	
Year	Control		Control	
N	12045		12045	
D. W.	1.922		1.922	
F – value	90.929		88.554	
Adj – R^2	0.394		0.395	

　　注：统计值已经过 White（1980）异方差稳健性修正；***、**、* 分别表示在 0.01、0.05、0.10 水平下显著。

　　如表 6.39 所示，对公司治理水平与证券分析师盈余预测分歧度的检验，在未引入公司治理水平与现金盈余、应计盈余交互项前，公司治理水平与盈余预测分歧度的回归系数为正，且在 0.1 水平下显著，这说明公司治理水平对分析师盈余预测分歧度存在正向影响。在引入公司治理水平与现金盈余、应计盈余交互项后，公司治理水平回归系数仍为正，且在 0.1 水平下显著；两个交互项回归系数均为负，均在 0.1 水平下显著，这说明公司治理水平能够通过影响盈余持续性对盈余预测分歧度产生负向影响，即强化盈余持续性与盈余分歧度之间负向相关性，这与主模型回归结果保持一致。

表6.39　　　　　公司治理水平与证券分析师盈余预测分歧度
（DV = DISPMED）

变量	（1）		（2）	
	Estimate	T – stat.	Estimate	T – stat.
Constant	0.336 **	2.37	0.345 **	2.431
CFO	– 1.118 ***	– 7.328	– 1.209 ***	– 7.347
ACC	– 1.015 ***	– 6.451	– 1.129 ***	– 6.645
CGS	0.013 *	1.947	0.002 *	2.096
CFO × CGS			– 0.301 *	1.982
ACC × CGS			– 0.407 *	1.774
Controls Included	Control		Control	
Industry	Control		Control	
Year	Control		Control	
N	12045		12045	
D. W.	1.922		1.922	
F – value	90.929		88.554	
Adj – R²	0.394		0.395	

注：统计值已经过 White（1980）异方差稳健性修正；*** 、** 、* 分别表示在0.01、0.05、0.10 水平下显著。

如表6.40 所示，对外部审计质量与证券分析师盈余预测分歧度的检验，在未引入外部审计质量与现金盈余、应计盈余交互项前，外部审计质量与盈余预测分歧度的回归系数为负，且在0.05 水平下显著，这说明外部审计质量对分析师盈余预测分歧度存在负向影响。在引入外部审计质量与现金盈余、应计盈余交互项后，外部审计质量回归系数仍为负，且在0.05 水平下显著；两个交互项回归系数均为正，分别在0.1、0.05 水平下显著，这说明外部审计质量能够通过影响盈余持续性对盈余预测分歧度产生正向影响，即弱化盈余持续性与盈余分歧度之间负向相关性，这与主模型回归结果保持一致。

表 6.40　　　　　外部审计质量与证券分析师盈余预测分歧度

（DV = DISPMED）

变量	（1）		（2）	
	Estimate	T – stat.	Estimate	T – stat.
Constant	0.235	1.571	0.222	1.484
CFO	− 1.123 ***	− 7.366	− 1.156 ***	− 7.5
ACC	− 1.035 ***	− 6.578	− 1.082 ***	− 6.81
BIGN	− 0.048 **	− 2.349	− 0.073 **	− 2.485
CFO × BIGN			0.563 *	1.913
ACC × BIGN			0.830 **	2.128
Controls Included	Control		Control	
Industry	Control		Control	
Year	Control		Control	
N	12045		12045	
D. W.	1.923		1.922	
F – value	89.519		91.688	
Adj – R^2	0.397		0.399	

注：统计值已经过 White（1980）异方差稳健性修正； *** 、 ** 、 * 分别表示在 0.01、0.05、0.10 水平下显著。

如表 6.41 所示，对证券分析师关注与证券分析师盈余预测分歧度的检验，在未引入证券分析师关注与现金盈余、应计盈余交互项前，证券分析师关注与盈余预测分歧度的回归系数为负，且在 0.05 水平下显著，这说明证券分析师关注对分析师盈余预测分歧度存在负向影响。在引入证券分析师关注与现金盈余、应计盈余交互项后，证券分析师关注回归系数仍为负，且在 0.05 水平下显著；两个交互项回归系数均为正，分别在 0.1、0.05 水平下显著，这说明证券分析师关注能够通过影响盈余持续性对盈余预测分歧度产生正向影响，即弱化盈余持续性与盈余分歧度之间负向相关性，这与主模型回归结果保持一致。

表 6.41　　　　证券分析师关注与证券分析师盈余预测分歧度
（DV = DISPMED）

变量	(1)		(2)	
	Estimate	T – stat.	Estimate	T – stat.
Constant	0.492 ***	3.15	0.475 ***	3.019
CFO	– 1.168 ***	– 7.566	– 0.909 ***	– 3.574
ACC	– 1.061 ***	– 6.693	– 0.775 ***	– 2.939
NANA	– 0.010 **	– 2.068	– 0.015 **	– 2.432
CFO × NANA			0.082 *	1.992
ACC × NANA			0.093 **	2.344
Controls Included	Control		Control	
Industry	Control		Control	
Year	Control		Control	
N	12045		12045	
D. W.	1.923		1.923	
F – value	88.887		91.475	
Adj – R^2	0.396		0.399	

注：统计值已经过 White（1980）异方差稳健性修正；***、**、* 分别表示在 0.01、0.05、0.10 水平下显著。

6.4.3　变更证券分析师盈余预测统计时间窗口

本书主模型对证券分析师盈余预测变量的统计测算是以上市公司 t 年盈余公告前 150 天至前 3 天，即 150 天窗口期为标准，本书稳健性检验采用 120 天窗口期（上市公司 t 年盈余公告前 120 天至前 3 天）和 90 天窗口期（上市公司 t 年盈余公告前 90 天至前 3 天）两个窗口的数据进行计算来获取证券分析师盈余预测指标，以此进行回归分析，验证模型的稳定性和结论的可靠性。

表6.42列示的是120天窗口期标准下，分别以 ACCYMEAN 和 AC-CYMED 为证券分析师盈余预测精准度代理变量，分析公司产权性质、公司治理水平、外部审计质量和证券分析师关注与证券分析师盈余预测精准度关系的回归结果。从表6.42可以看出，整体而言，现金盈余持续性和应计盈余持续性与证券分析师盈余预测精准度存在显著的正相关关系，这与6.3节主模型回归结果基本一致，说明会计盈余持续性是影响证券分析师盈余预测精准度的重要因素。

表6.42　　120天窗口证券分析师盈余预测精准度检验

变量	DV = ACCYMEAN		DV = ACCYMED	
	Estimate	T − stat.	Estimate	T − stat.
Constant	− 0. 360 ***	− 2. 906	− 0. 396 ***	− 3. 414
CFO	0. 614 ***	3. 462	0. 516 ***	3. 132
ACC	0. 512 ***	2. 846	0. 408 **	2. 417
SOE	− 0. 012	− 0. 997	− 0. 033 ***	3. 022
CFO × SOE	− 0. 214	− 1. 457	− 0. 464 ***	− 3. 369
ACC × SOE	− 0. 183	− 1. 183	− 0. 539 ***	− 3. 71
CGS	− 0. 003	− 0. 264	− 0. 002	− 0. 14
CFO × CGS	− 0. 014 **	− 2. 121	− 0. 021	− 0. 198
ACC × CGS	− 0. 005 **	− 2. 231	− 0. 003 **	− 3. 031
BIGN	0. 021	0. 944	0. 028	1. 325
CFO × BIGN	0. 089	0. 329	0. 026	0. 103
ACC × BIGN	0. 268	0. 871	0. 316	1. 094
NANA	0. 012 **	2. 465	0. 012 ***	− 2. 56
CFO × NANA	0. 099 **	1. 968	0. 120 **	2. 553
ACC × NANA	0. 136 **	2. 499	0. 168 **	3. 295
Controls Included	Control		Control	
Industry	Control		Control	

续表

变量	DV = ACCYMEAN		DV = ACCYMED	
	Estimate	T – stat.	Estimate	T – stat.
Year	Control		Control	
N	12583		12583	
D. W.	1. 925		1. 932	
F – value	94. 792		72. 085	
Adj – R²	0. 541		0. 434	

注：统计值已经过 White（1980）异方差稳健性修正；***、**、* 分别表示在 0.01、0. 05、0. 10 水平下显著。

对于公司产权性质和证券分析师盈余预测精准度之间的关系，从表 6. 42 可以看出，在以 ACCYMED 为被解释变量的模型中，公司产权性质的回归系数为负，且在 0. 01 水平下显著，公司产权性质与现金盈余、应计盈余的交互项回归系数为负，均在 0. 01 水平下显著；在以 AC-CYMEAN 为被解释变量的模型中，公司产权性质的回归系数、公司产权性质与现金盈余、应计盈余的交互项虽然不显著，但均为负，回归符号符合预期。这说明公司产权性质对证券分析师盈余预测精准度存在负向影响，同时公司产权性质能够通过影响盈余持续性对盈余预测精准度产生负向影响，即与非国有背景上市公司相比，证券分析师对国有背景上市公司的盈余预测精准度较差，这与 6. 3 节主模型回归结果一致。

对于公司治理水平和证券分析师盈余预测精准度之间的关系，从表 6. 42 可以看出，在以 ACCYMEAN 为被解释变量的模型中，公司治理水平的回归系数不显著，但回归符号为负，符合预期，公司治理水平与现金盈余、应计盈余的交互项回归系数为负，分别在 0. 01、0. 1 水平下显著；在以 ACCYMED 为被解释变量的模型中，公司治理水平的回归系数、公司治理水平与现金盈余交互项的回归系数不显著，但回归符号为负，符合预期，公司治理水平与应计盈余的交互项回归系数为负，且在 0. 05 水平下显著。这说明公司治理水平对证券分析师盈余预测精准度存在负向影响，同时公司治理水平能够通过影响盈余持续性对盈余预测精准度产生负向影响，即与治理水平高的上市公司相比，证券分析师对治理水平低的上市公司的盈余预测精准度较差。

对于外部审计质量和证券分析师盈余预测精准度之间的关系，从表6.42 可以看出，在分别以 ACCYMEAN 和 ACCYMED 为被解释变量的模型中，外部审计质量的回归系数、外部审计质量与现金盈余交互项的回归系数不显著，符合预期，这说明外部审计质量对证券分析师盈余预测精准度存在正向影响，同时外部审计质量能够通过影响盈余持续性对盈余预测精准度产生正向影响，即与外部审计质量低的上市公司相比，证券分析师对外部审计质量高的上市公司的盈余预测精准度较高。

对于证券分析师关注和证券分析师盈余预测精准度之间的关系，从表6.42 可以看出，在以 ACCYMEAN 为被解释变量的模型中，证券分析师关注的回归系数为正，且在 0.05 水平下显著，证券分析师关注与现金盈余、应计盈余的交互项回归系数为正，均在 0.05 水平下显著；在以 ACCYMED 为被解释变量的模型中，证券分析师关注的回归系数为正，且在 0.01 水平下显著，证券分析师关注与现金盈余、应计盈余交互项的回归系数为正，均在 0.05 水平下显著。这说明证券分析师关注对证券分析师盈余预测精准度存在正向影响，同时证券分析师关注能够通过影响盈余持续性对盈余预测精准度产生正向影响，即证券分析师关注越高的上市公司，盈余预测精准度越高。

表 6.43 列示的是 120 天窗口期标准下，分别以 DISPMEAN 和 DIS-PMED 为证券分析师盈余预测分歧度代理变量，分析公司产权性质、公司治理水平、外部审计质量和证券分析师关注与证券分析师盈余预测分歧度关系的回归结果。从表 6.43 可以看出，整体而言，现金盈余持续性和应计盈余持续性与证券分析师盈余预测精准度存在显著的负相关关系，这与 6.3 节主模型回归结果基本一致，说明会计盈余持续性是影响证券分析师盈余预测分歧度的重要因素。

表 6. 43　　　　　　　120 天窗口证券分析师盈余预测分歧度检验

变量	DV = DISPMEAN		DV = DISPMED	
	Estimate	T – stat.	Estimate	T – stat.
Constant	0. 493 ***	4. 313	0. 520 ***	3. 429
CFO	− 0. 364 *	− 1. 913	− 0. 655 **	− 2. 589
ACC	− 0. 243	− 1. 211	− 0. 709 **	− 2. 665
SOE	0. 002	0. 211	0. 047 ***	3. 201
CFO × SOE	− 0. 074	− 0. 533	− 0. 456 **	− 2. 491
ACC × SOE	− 0. 212	− 1. 445	− 0. 328 *	− 1. 681
CGS	0. 014 *	2. 137	0. 006	− 0. 373
CFO × CGS	− 0. 158	− 1. 02	− 0. 219	− 1. 062
ACC × CGS	− 0. 076	− 0. 459	− 0. 467	− 2. 139
BIGN	− 0. 017	− 0. 831	− 0. 052 *	− 1. 874
CFO × BIGN	0. 081	0. 331	0. 468	1. 441
ACC × BIGN	0. 085	0. 31	0. 662 *	1. 809
NANA	− 0. 012 **	− 2. 556	− 0. 024 ***	− 3. 801
CFO × NANA	0. 095 *	1. 925	0. 135 **	2. 052
ACC × NANA	0. 122 **	2. 255	0. 132 *	1. 851
Controls Included	Control		Control	
Industry	Control		Control	
Year	Control		Control	
N	11434		11434	
D. W.	1. 936		1. 966	
F – value	118. 317		125. 895	
Adj – R^2	0. 613		0. 682	

注：统计值已经过 White（1980）异方差稳健性修正；*** 、 ** 、 * 分别表示在 0. 01、0. 05、0. 10 水平下显著。

对于公司产权性质和证券分析师盈余预测分歧度之间的关系，从表 6. 43 可以看出，在以 ACCYMED 为被解释变量的模型中，公司产权性质的回归系数为正，且在 0.01 水平下显著，公司产权性质与现金盈余、应计盈余的交互项回归系数为负，分别在 0.05、0.1 水平下显著；在以 ACCYMEAN 为被解释变量的模型中，公司产权性质的回归系数、公司产权性质与现金盈余和应计盈余的交互项虽然不显著，但回归系数符号均符合预期。这说明公司产权性质对证券分析师盈余预测分歧度存在正相关关系，同时公司产权性质能够通过影响盈余持续性对盈余预测分歧度产生负向影响，即与非国有背景上市公司相比，证券分析师对国有背景上市公司的盈余预测分歧度较高，这与 6.3 节主模型回归结果一致。

对于公司治理水平和证券分析师盈余预测分歧度之间的关系，从表 6.43 可以看出，在以 ACCYMEAN 为被解释变量的模型中，公司治理水平的回归系数为正，且在 0.1 水平下显著，符合预期，公司治理水平与现金盈余、应计盈余的交互项回归系数为负，符合预期，但不显著；在以 ACCYMED 为被解释变量的模型中，公司治理水平的回归系数、公司治理水平与现金盈余和应计盈余交互项的回归系数虽然均不显著，但回归系数符合预期。这说明公司治理水平对证券分析师盈余预测分歧度存在正相关关系，同时公司治理水平能够通过影响盈余持续性对盈余预测分歧度产生负向影响，即与治理水平高的上市公司相比，证券分析师对治理水平低的上市公司的盈余预测分歧度较高。

对于外部审计质量和证券分析师盈余预测分歧度之间的关系，从表 6.43 可以看出，在以 ACCYMEAN 为被解释变量的模型中，外部审计质量的回归系数、外部审计质量与现金盈余和应计盈余交互项的回归系数不显著，但回归符号符合预期；在以 ACCYMED 为解释变量的模型中，外部审计质量的回归系数为负，且在 0.1 水平下显著，外部审计质量与现金盈余交互项的回归系数不显著，但符号符合预期，外部审计质量与应计盈余交互项的回归系数为正，且在 0.1 水平下显著，这说明外部审计质量对证券分析师盈余预测精准度存在正向影响，同时外部审计质量能够通过影响盈余持续性对盈余预测分歧度产生负向影响，即与外部审计质量低的上市公司相比，证券分析师对外部审计质量高的上市公司的盈余预测精准度较低。

对于证券分析师关注和证券分析师盈余预测分歧度之间的关系，从表 6.43 可以看出，在以 ACCYMEAN 为被解释变量的模型中，证券分析师关注的回归系数为负，且在 0.05 水平下显著，证券分析师关注与现金盈余、应计盈余的交互项回归系数为正，分别在 0.1、0.05 水平下显著；在以 ACCYMED 为被解释变量的模型中，证券分析师关注的回归系数为正，且在 0.01 水平下显著，证券分析师关注与现金盈余、应计盈余交互项的回归系数为正，分别在 0.1、0.05 水平下显著。这说明证券分析师关注对证券分析师盈余预测分歧度存在负向影响，同时证券分析师关注能够通过影响盈余持续性对盈余预测精准度产生正向影响，即证券分析师关注越高的上市公司，盈余预测分歧度越小。

表 6.44 列示的是 90 天窗口期标准下，分别以 ACCYMEAN 和 ACCYMED 为证券分析师盈余预测精准度代理变量，分析公司产权性质、公司治理水平、外部审计质量和证券分析师关注与证券分析师盈余预测精准度关系的回归结果。从表 6.44 可以看出，整体而言，现金盈余持续性和应计盈余持续性与证券分析师盈余预测精准度存在显著的正相关关系，同时，稳健性检验也发现，产权性质、公司治理水平能够通过影响盈余持续性对盈余预测精准度产生负向影响，外部审计质量与证券分析师关注能够通过影响盈余持续性对盈余预测精准度产生正向影响，这与 6.3 节主模型回归结果基本一致。

表 6.44　　　　　90 天窗口证券分析师盈余预测精准度检验

变量	DV = ACCYMEAN		DV = ACCYMED	
	Estimate	T – stat.	Estimate	T – stat.
Constant	− 0.390 ***	− 2.677	− 0.358 **	− 2.408
CFO	0.410 *	1.754	0.470 **	1.973
ACC	0.318	1.311	0.36	1.453
SOE	− 0.035 **	− 2.501	− 0.048 ***	− 3.412

续表

变量	DV = ACCYMEAN		DV = ACCYMED	
	Estimate	T – stat.	Estimate	T – stat.
CFO × SOE	– 0.497 ***	– 2.856	– 0.586 ***	– 3.303
ACC × SOE	– 0.438 ***	– 2.383	– 0.563 ***	– 3.002
CGS	– 0.004	– 0.289	– 0.006	– 0.374
CFO × CGS	– 0.146	– 0.745	– 0.031	– 0.154
ACC × CGS	– 0.196	– 0.949	– 0.164	– 0.779
BIGN	0.031	1.165	0.057 **	2.094
CFO × BIGN	0.002	0.006	– 0.242	– 0.755
ACC × BIGN	0.262	0.739	0.121	0.335
NANA	0.006	0.941	0.005	0.71
CFO × NANA	0.139 **	2.001	0.132 *	1.861
ACC × NANA	0.173 **	2.307	0.166 **	2.174
Control Included	Control		Control	
Industry	Control		Control	
Year	Control		Control	
N	12583		12583	
D. W.	1.946		1.936	
F – value	111.735		99.325	
Adj – R^2	0.582		0.514	

注：统计值已经过 White（1980）异方差稳健性修正；*** 、** 、* 分别表示在 0.01、0.05、0.10 水平下显著。

表 6.45 列示的是 90 天窗口期标准下，分别以 ACCYMEAN 和 ACCYMED 为证券分析师盈余预测分歧度代理变量，分析公司产权性质、公司治理水平、外部审计质量和证券分析师关注与证券分析师盈余预测分歧度关系的回归结果。从表 6.45 可以看出，整体而言，现金盈余持续性和应计盈余持续性与证券分析师盈余预测分歧度存在显著的负相关关系，同时，稳健性检验也发现，产权性质、公司治理水平能够通

过影响盈余持续性对盈余预测分歧度存在负向影响，外部审计质量与证券分析师关注能够通过影响盈余持续性对盈余预测分歧度产生正向影响，这与 6.3 节主模型回归结果基本一致。

表 6.45 90 天窗口证券分析师盈余预测分歧度检验

变量	DV = DISPMEAN		DV = DISPMED	
	Estimate	T – stat.	Estimate	T – stat.
Constant	0. 560 ***	5. 546	0. 634 ***	4. 825
CFO	− 0. 811 ***	− 7. 33	− 0. 854 ***	− 3. 783
ACC	− 0. 738 ***	− 5. 007	− 0. 987 ***	− 4. 137
SOE	0. 004	0. 422	0. 017 *	1. 927
CFO × SOE	− 0. 096	0. 791	− 0. 069	− 0. 438
ACC × SOE	− 0. 296 **	2. 272	− 0. 125	− 0. 74
CGS	0. 015	1. 317	0. 031 **	− 2. 147
CFO × CGS	− 0. 138	− 1. 005	− 0. 330 *	− 1. 847
ACC × CGS	− 0. 076	− 0. 518	− 0. 209	− 1. 099
BIGN	− 0. 004	− 0. 215	− 0. 022	− 0. 963
CFO × BIGN	0. 089 **	2. 424	0. 093	0. 343
ACC × BIGN	0. 027 *	1. 989	0. 094	0. 308
NANA	− 0. 017 ***	− 4. 625	− 0. 030 ***	− 4. 872
CFO × NANA	0. 030 **	2. 833	0. 087 *	1. 944
ACC × NANA	0. 089 *	1. 921	0. 061 **	2. 29
Control Included	Control		Control	
Industry	Control		Control	
Year	Control		Control	
N	10420		10420	
D. W.	1. 945		1. 944	
F – value	120. 895		76. 856	
Adj – R^2	0. 403		0. 436	

注：统计值已经过 White（1980）异方差稳健性修正；***、**、* 分别表示在 0. 01、0. 05、0. 10 水平下显著。

6.5　本章小结

本章在对本书实证研究所使用的样本数据主要代理变量进行描述性统计分析、相关性分析以及样本分组检验的基础上，对根据本书研究假设而设计的研究模型进行检验，验证相关研究假设成立的可能性，以及不同子样本之间检验结果的差异性。结果发现，公司产权性质、公司治理水平、外部审计质量以及证券分析师关注是影响会计盈余持续性的重要因素。具体而言，与非国有产权的上市公司相比，国有产权的上市公司，盈余持续性较差；与治理水平好的公司相比，治理水平差的上市公司的盈余水平较差；外部审计质量越高，上市公司的会计盈余持续性越好；证券分析师关注越高，上市公司会计盈余持续性越好。在此基础上，本书实证研究进一步发现，公司产权性质、公司治理水平、外部审计质量以及证券分析师关注能够通过影响会计盈余持续性，进而对证券分析师盈余预测有效性产生影响。具体而言，与非国有产权的上市公司相比，证券分析师对国有产权的上市公司的盈余预测精准度较差，预测分歧度较大；与治理水平好的公司相比，证券分析师对治理水平差的上市公司的盈余预测精准度较差，预测分歧度较大；与外部审计质量低的上市公司相比，证券分析师对外部审计质量高的上市公司的盈余预测精准度较高，预测分歧度较小；与证券分析师关注低的上市公司相比，证券分析师对关注度高的上市公司的盈余预测精准度较高，预测分歧度较小。为了确保研究模型的稳健性以及实证结果的可靠性，还通过提高变换会计盈余代理变量、替换证券分析师盈余预测有效性代理变量、变换证券分析师盈余预测变量估计窗口等对相关模型与结论进行了稳健性检验，检验结果与主模型结果基本一致，说明本书模型构建具有较强的稳定性，本书实证结论具有较强的可靠性。

第 7 章

研 究 结 论

7.1　主要研究结论与发现

本书研究聚焦于证券分析师盈余预测有效性问题。首先，在对证券分析师相关概念界定的基础上，分析了中国证券行业的发展历程、证券分析师行业以及证券分析师的发展现状、证券分析师行业发展存在的问题等。其次，在概述信息不对称理论、有效市场假说以及行为金融理论的基础上，探讨证券分析师盈余预测行为的内在机理，并提出相关假设。最后，依据相关假设，本书建立了盈余持续性交互模型、盈余预测精准度和盈余预测分歧度模型，利用中国沪深 A 股上市公司 2007～2016 年样本数据，进行模型检验，以此深化证券分析师盈余预测领域的研究，同时为提升证券分析师盈余预测有效性，优化证券分析师行业环境，保证资本市场有效运转等方面提供相关的经验证据和政策支持。

首先，会计盈余持续性是影响证券分析师盈余预测的关键因素。对于证券分析师盈余预测而言，盈余质量是指证券分析师在不利用其他信息的前提下，单独使用历史收益预测公司未来收益的准确度。在实际的投资决策过程中，企业盈利信息的比例远比其他信息重要。决定收益质量的关键在于盈余的可持续性。如果一位证券分析师知道一个企业的盈余持续性很高，就可以依靠当前的收益来预测未来的盈余，预测效果好，价值判断更准确。而如果公司盈余的持续性很低，那么证券分析师很难完全依靠目前的收益水平在很短的时间内对未来的盈余进行准确的预测，从而增加了正确的投资判断的难度。

其次，上市公司会计盈余持续性会受到内外部环境的影响。本书发现，公司产权性质、公司治理水平、外部审计质量以及证券分析师关注是影响会计盈余持续性的重要因素。具体而言，与非国有产权的上市公司相比，国有产权的上市公司，盈余持续性较差；与治理水平高的上市公司相比，治理水平低的上市公司的盈余水平较差；注册会计师审计质量越高，上市公司的会计盈余持续性越好；证券分析师关注越高，上市公司会计盈余持续性越好。

最后，上市公司内外部环境与盈余持续性的协同效应会对证券分析师盈余预测有效性产生影响。具体而言，与产权性质为非国有的上市公司相比，证券分析师对产权归属于国有的上市公司的盈余预测精准度较差，预测分歧度较大；与治理水平高的上市公司相比，证券分析师对治理水平低的上市公司的盈余预测精准度较差，盈余预测分歧度较大；与外部审计质量低的上市公司相比，证券分析师对外部审计质量高的上市公司的盈余预测精准度较高，预测分歧度较小；与证券分析师关注低的上市公司相比，证券分析师对关注度高的上市公司的盈余预测精准度较高，预测分歧度较小。

7.2 相关政策性建议

当前，我国经济持续稳定增长、资本市场发展以及金融产品创新发展，都为证券投资咨询业的发展提供了巨大的空间。同时，证券投资咨询业也面临转型升级，特别是证券分析师行业定位、证券分析师业务拓展，证券分析师人才培养和行业运行机制等方面面临着改革与创新的重任。证券分析师行业是证券投资咨询业的重要组成部分，要想推动证券投资咨询行业的改革有关键性的突破，必须要实现证券研究业务的规范发展，推动证券分析师人才队伍建设，大力提升证券分析师盈余预测能力。因此，本书提出以下政策性建议。

首先，健全上市公司治理机制，提升公司治理水平，强化外部审计监督，保证财务报告信息供给质量。由于资本市场发育不完善，我国上市公司较多行为主要是为了满足金融监管机构的监管需求，相反，由于资本市场对高质量财务信息的需求不足，进而导致上市公司财务报告质量供给质量不高。导致高质量财务信息供给不足的原因有三个：一是我国大部分上市公司存在"一股独大"现象，这就导致大股东控制公司经营权，这种公司治理模式天然地缺乏对高质量财务信息外部披露的需求；二是国有性质的上市公司因委托代理关系过长和融资模式的特殊性同样缺乏高质量财务信息需求；三是由于高质量财务信息需求的缺乏和审计市场的价格竞争，导致会计师事务所缺乏提供高质量审计服务的动力。因此，一方面，要逐渐解决上市公司一股独大、治理结构混乱的状况，优化上市公司治理结构，提升公司治理水平；另一方面，国有企业要在推进公司制改革的基础上，优化公司治理结构，引入其他资本，推动国有企业的混合所有制改革，建立国有上市公司高管聘任制度，健全国有上市公司激励和约束机制，共同推动上市公司财务报告供给质量的提升。同时，还要加强会计师事务所的声誉机制建设，充分发挥外部审计的监督作用，以提升高质量审计服务的整体供给水平，保证上市公司财务信息供给质量。

其次，证券公司和证券咨询公司要加强证券分析师培训，不断提升证券分析师的专业技能。证券分析师的工作是通过搜集、整理、分析和发布信息减少证券市场的信息不对称。从证券分析师个体的角度来看，为了寻找新的或者高收益的投资机会，证券分析师要寻找和发现与其他研究机构不同的新信息，然后根据全面的信息给出更有效的专业判断。

从整个市场的角度来看，正是由于一批证券分析师的存在，资本市场和投资者才能不断地了解上市公司的各种信息进行决策，上市公司信息披露得越充分，证券分析师分析解读的信息越多，投资者与资本市场对上市公司了解得越多、越深，进而股票价格就越能反映公司价值。因此，证券分析师所在的研究部门要重视定期培训证券分析师的业务能力，搭建扎实的证券研究平台，督促证券分析师遵守职业操守。证券公司和证券投资咨询公司是证券分析师成长的平台，证券分析师能力的提升与高质量报告的发布都离不开这个平台的支持。因此，证券公司和证券投资咨询公司应该为证券分析师的成长创造一个良好的环境，让其专心进行各项分析研究工作；证券公司和证券投资咨询公司还要建立系统的学习和评估体系，为提升证券分析师的业务能力提供制度保障；证券公司和证券投资咨询公司还要建立专业的数据研究系统、证券分析平台，打造一支强有力的研究团队。

最后，建立全方位的证券分析师监管体系，为证券分析行业的发展提供良好的外部环境。证券分析师行业的监管体系应该包括四个部分：证券分析师相关法律法规制度、政府监管机构、行业自律形组织以及投资者保护机制。完善的证券分析师相关法律法规制度不仅是资本市场健康发展的应有之义，也是规范证券分析师行为、保护证券分析师行业发展的必要条件，同时也是政府监督部门实施监督的法律依据。政府部门监管侧重于行为监管和功能监管，是对相关法律法规、制度监管的落实。行业自律组织进行自我监督是未来市场条件下证券分析师行业监管的发展方向，只有做到行业自律，才能从根本上保证行业的健康发展，避免政府监管挂一漏万的情况。投资者保护机制是进行证券行业监管的目的，只有搭建中小投资者保护机制，并将其与证券分析师监管相衔接，才能真正实现对证券分析师行业监管的目的。

7.3 本书研究局限

本书研究根植于中国资本市场这一特殊环境，虽然对证券分析师盈余预测行为的内在机理以及证券分析师有效性的影响因素进行了理论分析和实证检验。但本书在相关回归模型设计、模型替代变量设计与选取以及模型检验样本的选择等方面存在以下局限：

首先，从实证模型设计方面而言，本书虽然在借鉴相关研究成熟模型的基础上，根据研究需要构建了盈余持续性模型、盈余预测精准度模型和盈余预测分歧度模型，但是由于个人研究能力和现有研究状况的局限，三个模型均无法涵盖所有相关影响因素，因此，模型构建上可能存在遗漏变量现象，这可能会导致本书结论稳健性存在一定问题。

其次，从相关变量设计和选择上，由于一些变量，比如，审计质量、盈余预测有效性、盈余持续性等变量无法直接观测与测量，因此，需要选取替代变量进行衡量。比如，本书从证券分析师盈余预测精准度和盈余预测分歧度两个维度对盈余预测有效性进行衡量。尽管本书研究从计量角度分别以均值和中位数为基础，构建证券分析师盈余预测精准度与盈余预测分歧度的代理变量，尽管如此，代理变量与证券分析师盈余预测有效性之间存在测量误差，进而会影响结论的稳健性。

在样本数据方面，本书研究选择的是中国 A 股主板以及中小板上市公司数据，同时剔除了金融行业样本。因此，本书结论存在一定局限性，不能保证该结论适用于 B 股上市公司和创业板上市公司。

参 考 文 献

[1] 白晓宇. 上市公司信息披露政策对分析师预测的多重影响研究 [J]. 金融研究, 2009 (4): 92-112.

[2] 蔡庆丰, 杨侃, 林剑波. 羊群行为的叠加及其市场影响——基于证券分析师与机构投资者行为的实证研究 [J]. 中国工业经济, 2011 (12): 111-121.

[3] 蔡卫星, 曾诚. 公司多元化对证券分析师关注的影响——基于证券分析师决策行为视角的经验分析 [J]. 南开管理评论, 2010, 13 (4): 125-133.

[4] 陈露兰, 王昱升. 证券分析师跟踪与企业社会责任信息披露——基于中国资本市场的研究 [J]. 宏观经济研究, 2014 (5): 107-116.

[5] 崔玉英, 李长青, 郑燕, 等. 公司成长、盈余波动与财务分析师跟踪——来自中国证券市场的经验证据 [J]. 管理评论, 2014, 26 (4): 60-72.

[6] 范宗辉, 王静静. 证券分析师跟踪: 决定因素与经济后果 [J]. 会计与经济研究, 2010, 24 (1): 61-69.

[7] 方红星, 张志平. 内部控制对盈余持续性的影响及其市场反应——来自 A 股非金融类上市公司的经验证据 [J]. 管理评论, 2013, 25 (12): 77-86.

[8] 方军雄, 洪剑峭. 上市公司信息披露质量与证券分析师盈利预测 [J]. 证券市场导报, 2007 (3): 25-30.

[9] 高瑜彬, 廖芬, 刘志洋. 异常审计费用与证券分析师盈余预测有效性——基于我国 A 股上市公司的证据 [J]. 审计研究, 2017 (4): 81-88.

［10］高瑜彬. 异常审计费用的形成机理及其对审计质量的影响［D］. 长春：吉林大学，2015.

［11］郭杰，洪洁瑛. 中国证券分析师的盈余预测行为有效性研究［J］. 经济研究，2009（11）：55－67.

［12］胡奕明，林文雄. 信息关注深度、分析能力与分析质量——对我国证券分析师的调查分析［J］. 金融研究，2005（2）：46－58.

［13］姜超. 证券分析师、内幕消息与资本市场效率——基于中国A股股价中公司特质信息含量的经验证据［J］. 经济学：季刊，2013，12（1）：429－452.

［14］金雪军，蔡健琦. 证券分析师行为及其市场影响［J］. 证券市场导报，2003（8）：31－35.

［15］李春涛，胡宏兵，谭亮. 中国上市银行透明度研究——分析师盈利预测和市场同步性的证据［J］. 金融研究，2013（6）：118－132.

［16］李冬昕，李心丹，张兵. 分析师的盈利预测偏差与本地优势［J］. 财经科学，2011（3）：26－33.

［17］李建强. 高管变更与证券分析师跟踪关系研究［J］. 财会通讯，2015（3）：34－38.

［18］李姝，梁郁欣，田马飞. 内部控制质量、产权性质与盈余持续性［J］. 审计与经济研究，2017，32（1）：23－37.

［19］李杨，刘刚. 企业内部控制质量、盈余持续性与分析师预测［J］. 湖北大学学报（哲学社会科学版），2016，43（2）：132－138.

［20］李志刚，施先旺，刘拯. 分析师能发现审计合谋吗？——基于我国上市公司的经验证据［J］. 财经论丛（浙江财经大学学报），2015，V196（7）：56－65.

［21］李卓，宋玉. 股利政策、盈余持续性与信号显示［J］. 南开管理评论，2007，10（1）：70－80.

［22］廖明情，刘欢. 分析师预测行为差异及其市场后果分析——

来自我国基金公司内部数据的证据 [J]. 中国经济问题, 2014 (2): 98 – 108.

[23] 廖义刚, 孙俊奇, 陈燕. 法律责任, 审计风险与事务所客户选择——基于 1996 年 – 2006 年我国会计师事务所客户风险的分析 [J]. 审计与经济研究, 2009, 24 (5): 34 – 40.

[24] 林小驰, 欧阳婧, 岳衡. 谁吸引了海外证券分析师的关注 [J]. 金融研究, 2007 (1): 84 – 98.

[25] 鲁直, 阎海峰. 上海证券市场追风行为影响因素研究 [J]. 复旦学报 (自然科学版), 2001, 40 (6): 670 – 676.

[26] 戚佳. 我国证券分析师盈余预测准确度的影响因素研究 [D]. 秦皇岛: 燕山大学, 2011.

[27] 饶艳超, 胡奕明. 中美证券分析师"公司研究报告"之比较 [J]. 上海金融, 2004 (9): 40 – 43.

[28] 石桂峰, 苏力勇, 齐伟山. 财务分析师盈余预测精确度决定因素的实证分析 [J]. 财经研究, 2007, 33 (5): 62 – 71.

[29] 宋军, 吴冲锋. 中国股评家的羊群行为研究 [J]. 管理科学学报, 2003, 6 (1): 68 – 74.

[30] 宋衍蕻, 肖星. 监管风险, 事务所规模与审计质量 [J]. 审计研究, 2012 (3): 83 – 89.

[31] 孙东梅, 姚禄仕, 王丽娜. 证券分析师盈余预测羊群行为的理性分析 [J]. 合肥工业大学学报 (社会科学版), 2014 (2): 37 – 41.

[32] 童玉媛, 张荣. 证券分析师的"羊群行为"剖析 [J]. 商业时代, 2005 (30): 52 – 52.

[33] 王宇超, 肖斌卿, 李心丹. 分析师跟进的决定因素——来自中国证券市场的证据 [J]. 南方经济, 2012, 30 (10): 88 – 101.

[34] 吴东辉, 薛祖云. 财务分析师盈利预测的投资价值: 来自深沪 A 股市场的证据 [J]. 会计研究, 2005 (8): 37 – 43.

［35］吴东辉，薛祖云．对中国 A 股市场上财务分析师盈利预测的实证分析［J］．中国会计与财务研究，2005（1）：1－53.

［36］伍燕然，潘可，胡松明，等．行业分析师盈利预测偏差的新解释［J］．经济研究，2012（4）：149－160.

［37］肖斌卿，郑莉莉，李心丹，等．会计稳健性是否会影响分析师盈余预测行为——来自中国证券市场的证据［J］．管理评论，2012，24（2）：36－44.

［38］肖华，张国清．内部控制质量，盈余持续性与公司价值［J］．会计研究，2013（5）：73－80.

［39］徐欣，唐清泉．财务分析师跟踪与企业 R&D 活动——来自中国证券市场的研究［J］．金融研究，2010（12）：173－189.

［40］许年行，江轩宇，伊志宏，等．分析师利益冲突、乐观偏差与股价崩盘风险［J］．经济研究，2012（7）：127－140.

［41］薛祖云，王冲．信息竞争抑或信息补充：证券分析师的角色扮演——基于我国证券市场的实证分析［J］．金融研究，2011（11）：167－182.

［42］杨大楷，王佳妮，李凡一．证券分析师利益冲突行为的"前因"与"后果"——来自上证 A 股的经验证据［J］．上海经济研究，2011（11）：57－67.

［43］姚禄仕，童宣群，任诚．机构投资持股对分析师羊群行为影响研究［J］．合肥工业大学学报（社会科学版），2013（6）：34－38.

［44］袁春生，唐松莲，汪涛武．证券分析师舞弊警示能力及其信息传递方式——基于证监会处罚公告的经验证据［J］．财贸研究，2013（6）：133－141.

［45］原红旗，黄倩茹．承销商分析师与非承销商分析师预测评级比较研究［J］．中国会计评论，2007（3）.

［46］郑方镳．中国证券分析师行业研究：效率、行为与治理［D］．厦门：厦门大学，2009.

［47］郑亚丽，蔡祥. 什么影响了证券分析师盈利预测的准确度？——来自中国上市公司的经验证据［J］. 中大管理研究，2008，3（4）：19－37.

［48］中国证券业协会. 中国证券业发展报告：2010［M］. 北京：中国财政经济出版社，2010.

［49］周泽将，杜兴强. 新闻发言人、财务分析师跟踪与信息透明度［J］. 商业经济与管理，2012，1（11）：82－90.

［50］朱红军，何贤杰，陶林. 信息源、信息搜寻与市场吸收效率——基于证券分析师盈利预测修正的经验证据［J］. 财经研究，2008，34（5）：63－74.

［51］朱红军，何贤杰，陶林. 中国的证券分析师能够提高资本市场的效率吗——基于股价同步性和股价信息含量的经验证据［J］. 金融研究，2007（2a）：110－121.

［52］Abarbanell J S, Bernard V L. Tests of Analysts' Overreaction/Underreaction to earnings information as an explanation for anomalous stock price behavior［J］. Journal of Finance, 2012, 47（3）：1181－1207.

［53］Abarbanell J S. Do analysts' earnings forecasts incorporate information in prior stock price changes?［J］. Journal of Accounting & Economics, 1991, 14（2）：147－165.

［54］Anctil R M, Chamberlain S. Determinants of the time series of earnings and implications for earnings quality［J］. Contemporary Accounting Research, 2005, 22（3）：483－517.

［55］Ang A, Longstaff F A. Systemic sovereign credit risk：Lessons from the U. S. and Europe［J］. Social Science Electronic Publishing, 2013, 60（5）：493－510.

［56］Barth M E, Kasznik R, Mcnichols M F. Analyst coverage and intangible assets［J］. Journal of Accounting Research, 2001, 39（1）：1－34.

［57］ Behn B K, Choi J, Kang T. Audit quality and properties of analyst earnings forecasts [J]. Social Science Electronic Publishing, 2008, 83 (2): 327 - 349.

［58］ Bhushan R. Firm characteristics and analyst following [J]. Journal of Accounting & Economics, 2006, 11 (2): 255 - 274.

［59］ Black E L, Carnes T A. Analysts' forecasts in Asian - Pacific markets: The relationship among macroeconomic factors, accounting systems, bias and accuracy [J]. Journal of International Financial Management & Accounting, 2006, 17 (3): 208 - 227.

［60］ Boubaker S, Labégorre F. Ownership structure, corporate governance and analyst following: A study of French listed firms [J]. Journal of Banking & Finance, 2008, 32 (6): 961 - 976.

［61］ Brennan M J, Subrahmanyam A. Investment analysis and price formation in securities markets [J]. Journal of Financial Economics, 2004, 38 (3): 361 - 381.

［62］ Bricker R J, Julia Grant, Fogarty T J, et al. Determinants of analyst following [J]. Social Science Electronic Publishing, 2000.

［63］ Brown L D, Rozeff M S. The superiority of analyst forecasts as measures of expectations: evidence from earnings [J]. Journal of Finance, 1978, 33 (1): 1 - 16.

［64］ Brownlawrence D. Analyst forecasting errors and their implications for security analysis: an alternative perspective [J]. Financial Analysts Journal, 1996, 52 (1): 40 - 47.

［65］ Bushman R M, Piotroski J D, Smith A J. What determines corporate transparency? [J]. Journal of Accounting Research, 2004, 42 (2): 207 - 252.

［66］ Butler K C. Improving analysts' negative earnings forecasts [J]. Financial Analysts Journal, 1999, 55 (3): 48 - 56.

［67］ Butler K C. The forecast accuracy of individual analysts: evidence of systematic optimism and pessimism ［J］. Journal of Accounting Research, 1991, 29（1）: 150 – 156.

［68］ Capstaff J, Paudyal K, Rees W. A comparative analysis of earnings forecasts in europe ［J］. Journal of Business Finance & Accounting, 2010, 28（5 – 6）: 531 – 562.

［69］ Chan K. H., Wu D. Aggregate quasi rents and auditor independence: evidence from audit firm mergers in China ［J］. Contemporary Accounting Research, 2011, 28（1）: 175 – 213.

［70］ Chen H, Chen J Z, and Lobo G J, et al. Effects of audit quality on earnings management and cost of equity capital: evidence from China ［J］. Contemporary Accounting Research, 2011, 28（3）: 892 – 925.

［71］ Chen X, Cheng Q, Lo K. On the relationship between analyst reports and corporate disclosures: exploring the roles of information discovery and interpretation ［J］. Journal of Accounting & Economics, 2006, 49（3）: 206 – 226.

［72］ Clement M B, Tse S Y. Financial analyst characteristics and herding behavior in forecasting ［J］. Journal of Finance, 2005, 60（1）: 307 – 341.

［73］ Clement M B. Analyst forecast accuracy: Do ability, resources, and portfolio complexity matter? ［J］. Journal of Accounting & Economics, 1999, 27（3）: 285 – 303.

［74］ Coën A, Desfleurs A, L'Her J F, et al. Another look at factors explaining quality of financial analysts' forecasts: Evidence from the Asian emerging markets ［J］. Journal of Multinational Financial Management, 2005, 15（4）: 414 – 434.

［75］ Costello D J, Hall J. The impact of security analyst recommendations upon the trading of mutual funds ［J］. Social Science Electronic Publishing, 2010: 1 – 43.

[76] Cragg J G, Malkiel B G. The consensus and accuracy of some predictions of the growth of corporate earnings [J]. Journal of Finance, 2012, 23 (1): 67 – 84.

[77] Crichfield T. An evaluation of security analysts' forecasts [J]. Accounting Review, 1978, 53 (3): 651 – 668.

[78] Dan Givoly, Josef Lakonishok. The information content of financial analysts' forecasts of earnings: Some evidence on semi-strong inefficiency [J]. Journal of Accounting and Economics, 1979, 1 (3): 165 – 185.

[79] Derrien F and Kecskés A. The real effects of financial shocks: evidence from exogenous changes in analyst coverage [J]. Journal of Finance, 2013, 68 (4): 1407 – 1440.

[80] Dowen R J. Analyst reaction to negative earnings for large well-known firms [J]. Journal of Portfolio Management, 2009, 23 (1): 49 – 55.

[81] Firth A E, Wills N M, Gesteland R F, et al. Stimulation of stop codon readthrough: frequent presence of an extended 3' RNA structural element. [J]. Nucleic Acids Research, 2011, 39 (15): 6679 – 6691.

[82] Frankel R, Kothari S P, Weber J. Determinants of the informativeness of analyst research [J]. Journal of Accounting & Economics, 2006, 41 (1 – 2): 29 – 54.

[83] Freeman R E, Reed D L. Stockholders and stakeholders: a new perspective on corporate governance [J]. California Management Review, 1983, 25 (3): 88 – 106.

[84] Fried D, Dan G. Financial analysts' forecasts of earnings: A better surrogate for market expectations [J]. Journal of Accounting & Economics, 1982, 4 (2): 85 – 107.

[85] Graham J R. Herding among Investment Newsletters: Theory and Evidence [J]. Social Science Electronic Publishing, 1999, 54 (1): 237 – 268.

[86] Gu Z, Wu J S. Earnings skewness and analyst forecast bias [J].

Journal of Accounting & Economics, 2003, 35 (1): 5 – 29.

[87] Hassell J M, Jennings R H. Relative forecast accuracy and the timing of earnings forecast announcements [J]. Accounting Review, 1986, 61 (1): 58 – 75.

[88] Hong H, Kubik J D, Solomon A. Security analysts' career concerns and herding of earnings forecasts [J]. Rand Journal of Economics, 2000, 31 (1): 121 – 144.

[89] Hong H, Kubik J D. Analyzing the analysts: career concerns and biased earnings forecasts [M]// The Journal of Finance, 2003: 313 – 351.

[90] Hopwood W S, Collins W A. A multivariate analysis of annual earnings forecasts generated from quarterly forecasts of financial analysts and univariate time series models/BEBR No. 561 [J]. Journal of Accounting Research, 1980, 18 (2): 390.

[91] Irani R M, Oesch D. Analyst coverage and real earnings management: Quasi-experimental evidence [J]. Journal of Financial and Quantitative Analysis, 2016, 51 (2): 589 – 627.

[92] Ivkovi? Z, Jegadeesh N. The timing and value of forecast and recommendation revisions [J]. Journal of Financial Economics, 2004, 73 (3): 433 – 463.

[93] Jensen M C, Meckling W H. Theory of the firm: management behavior, agency cost and ownership structure [J]. Social Science Electronic Publishing, 1976, 3 (4): 305 – 360.

[94] Kalok Chan, Allaudeen Hameed. Stock price synchronicity and analyst coverage in emerging markets [J]. Journal of Financial Economics, 2006, 80 (1): 115 – 147.

[95] Kim K, Schroeder D A. Analysts' use of managerial bonus incentives in forecasting earnings [J]. Journal of Accounting & Economics, 1990, 13 (1): 3 – 23.

［96］Kormendi R，Lipe R. Earnings innovations，earnings persistence，and stock returns ［J］. Journal of Business，1987，60（3）：323 – 345.

［97］Kross W，Ro B，Schroeder D. Earnings expectations：the analysts' information advantage ［J］. Accounting Review，1990，65（2）：461 – 476.

［98］Kwon S S. Financial analysts' forecast accuracy and dispersion：high-tech versus low-tech stocks ［J］. Review of Quantitative Finance & Accounting，2002，19（1）：65 – 91.

［99］Lang M H，Lundholm R J. Corporate disclosure policy and analyst behavior ［J］. Accounting Review，1996，71（4）：467 – 492.

［100］Lee W，Yue P，Zhang Z. Analytical methods for inferring functional effects of single base pair substitutions in human cancers ［J］. Human Genetics，2009，126（4）：481 – 498.

［101］Lim T. Rationality and Analysts' Forecast Bias ［J］. Journal of Finance，2001，56（1）：369 – 385.

［102］Lipe R. The Relation between Stock Returns and Accounting Earnings Given Alternative Information ［J］. Accounting Review，1990，65（1）：49 – 71.

［103］Livnat J，Zhang Y. Information interpretation or information discovery：which role of analysts do investors value more？ ［J］. Review of Accounting Studies，2012，17（3）：612 – 641.

［104］Ljungqvist A，Richardson M P，Wolfenzon D. The Investment Behavior of Buyout Funds：Theory and Evidence ［J］. Social Science Electronic Publishing，2007.

［105］Lobo G J，Song M，Stanford M. Accruals quality and analyst coverage ［J］. Journal of Banking & Finance，2012，36（2）：497 – 508.

［106］Lys T，Sohn S. The association between revisions of financial analysts' earnings forecasts and security-price changes ［J］. Journal of Accounting & Economics, 1990, 13 (4): 341 – 363.

[107] Mark H. Lang, Karl V. Lins, Darius P. Miller. ADRs, analysts, and accuracy: does cross listing in the United States improve a firm's information environment and increase market value? [J]. Journal of Accounting Research, 2003, 41 (2): 317 – 345.

[108] Marston C. Firm characteristics and analyst following in the UK [J]. British Accounting Review, 1997, 29 (4): 335 – 347.

[109] Michael J. Brennan, Patricia J. Hughes. Stock prices and the supply of information [J]. The Journal of Finance, 1991, 46 (5): 1665 – 1691.

[110] Michaely, Roni, Womack, Kent L. Conflict of interest and the credibility of underwriter analyst recommendations [J]. Review of Financial Studies, 1999, 12 (12): 653 – 686.

[111] O'Brien P C, Bhushan R. Analyst following and institutional ownership [J]. Journal of Accounting Research, 1990, 28: 55 – 76.

[112] Pearson N. Determinants of the production of information [N]. Working Paper, University of Rochester, 1991.

[113] Piotroski J D, Roulstone D T. The influence of analysts, institutional investors, and insiders on the incorporation of market, industry, and firm-specific information into stock prices [J]. Social Science Electronic Publishing, 2004, 79 (4): 1119 – 1151.

[114] Rajan R, Servaes H. Analyst following of initial public offerings [J]. Journal of Finance, 1997, 52 (2): 507 – 529.

[115] Richardson S A, Siew Hong Teoh, Wysocki P D. Tracking analysts' forecasts over the annual earnings horizon: are analysts' forecasts optimistic or pessimistic? [J]. Ssrn Electronic Journal, 1999, 28 (2).

[116] Richardson S A, Sloan R G, Soliman M T, et al. Accrual reliability, earnings persistence and stock prices [J]. Social Science Electronic Publishing, 2005, 39 (3): 437 – 485.

［117］ Robert H. Ashton, Anna M. Cianci. Motivational and cognitive determinants of buy-side and sell-side analyst earnings forecasts: an experimental study ［J］. Journal of Behavioral Finance, 2007, 8 (1): 9 – 19.

［118］ Roulstone D T. Analyst following and market liquidity ［J］. Contemporary Accounting Research, 2010, 20 (3): 552 – 578.

［119］ Skinner D J. Options markets and the information content of accounting earnings releases ［J］. Journal of Accounting & Economics, 1990, 13 (3): 191 – 211.

［120］ Sloan R G. Do stock prices fully reflect information in accruals and cash flows about future earnings? ［J］. Social Science Electronic Publishing, 1996, 71 (3): 289 – 315.

［121］ Spiwoks M. The golden mean fallacy and financial market forecasting ［J］. European Journal of Social Sciences, 2008 (3): 433 – 441.

［122］ Stickel S E. The timing of and incentives for annual earnings forecasts near interim earnings announcements ［J］. Journal of Accounting & Economics, 1989, 11 (2 – 3): 275 – 292.

［123］ Stigler G J. The economics of information ［J］. Journal of Political Economy, 1961, 69 (3): 213 – 225.

［124］ Sun Q, Tong W H S. China share issue privatization: the extent of its success ［J］. Journal of Financial Economics, 2003, 70 (2): 183 – 222.

［125］ Yu F F. Analyst coverage and earnings management ［J］. Journal of financial economics, 2008, 88 (2): 245 – 271.

［126］ Zhang Y. Analyst responsiveness and the post-earnings-announcement drift ［J］. Journal of Accounting & Economics, 2008, 46 (1): 201 – 215.